齋藤 孝

頭のよさはノートで決まる

超速脳内整理術

ビジネス社

から生まれた

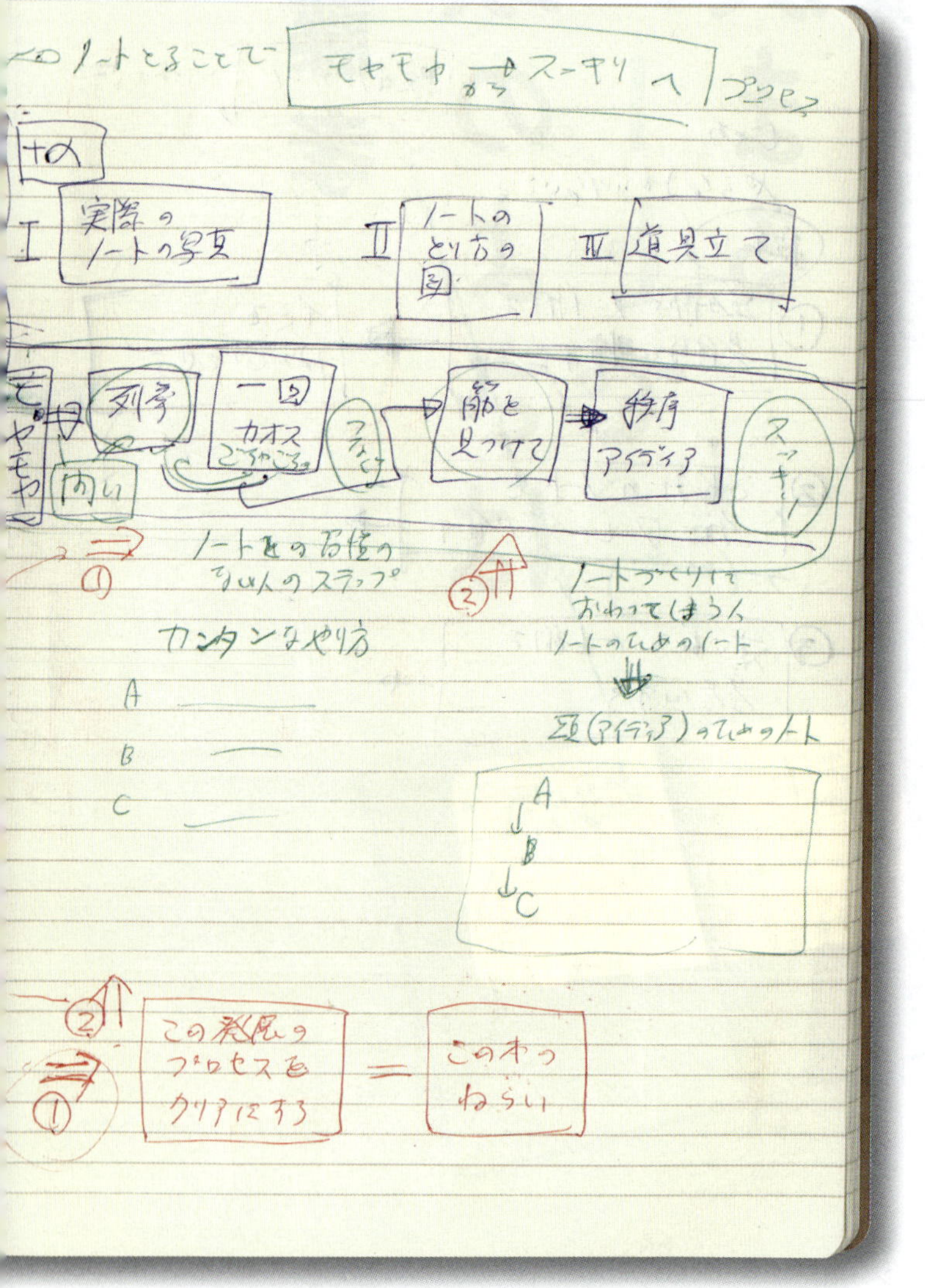
ノートとることで
モヤモヤ→スッキリ へ
プロセス
実際のノートの写真
ノートのとり方の図
道具立て
列挙
カオス
節を見つけて
アイディア
スッキリ!
カンタンなやり方
ノートづくりでおわってしまう人
ノートのためのノート
このプロセスをクリアにする
この本のねらい

本書はこのノート

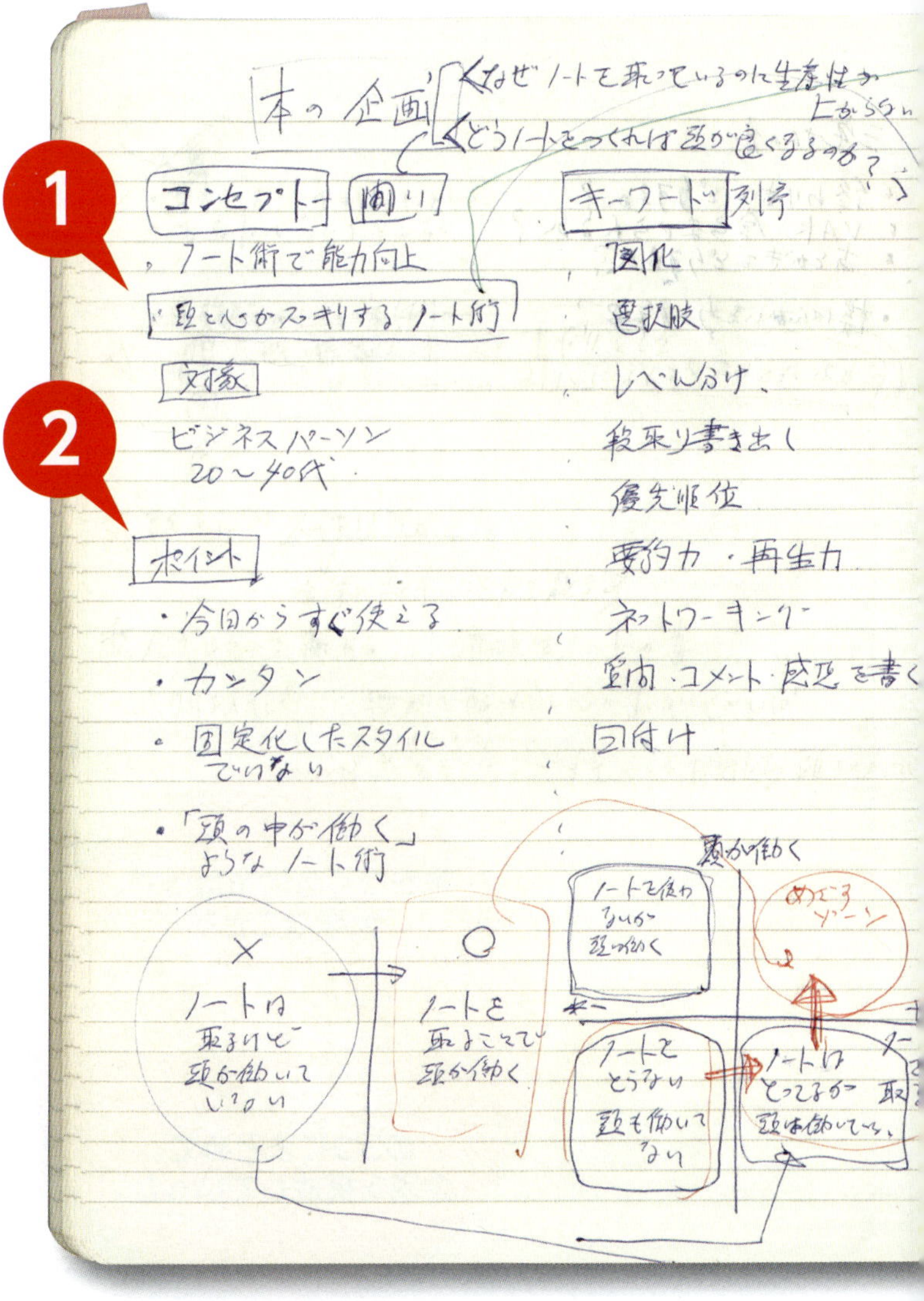
1
2
本の企画
なぜノートを取っているのに生産性が上がらない
どうノートをつくれば頭が良くなるのか？
コンセプト
ノート術で能力向上
頭と心がスッキリするノート術
対象
ビジネスパーソン
20〜40代
ポイント
・今日からすぐ使える
・カンタン
・固定化したスタイルではない
・「頭の中が働く」ようなノート術
キーワード列挙
図化
選択肢
レベル分け
段取り書き出し
優先順位
要約力・再生力
ネットワーキング
質問・コメント・感想を書く
日付け
×
ノートは取るけど頭が働いていない
○
ノートを取ることで頭が働く
頭が働く
ノートを使わないが頭が働く
めざすゾーン
ノートをとらない頭も働いてない
ノートはとってるが頭は働いてる

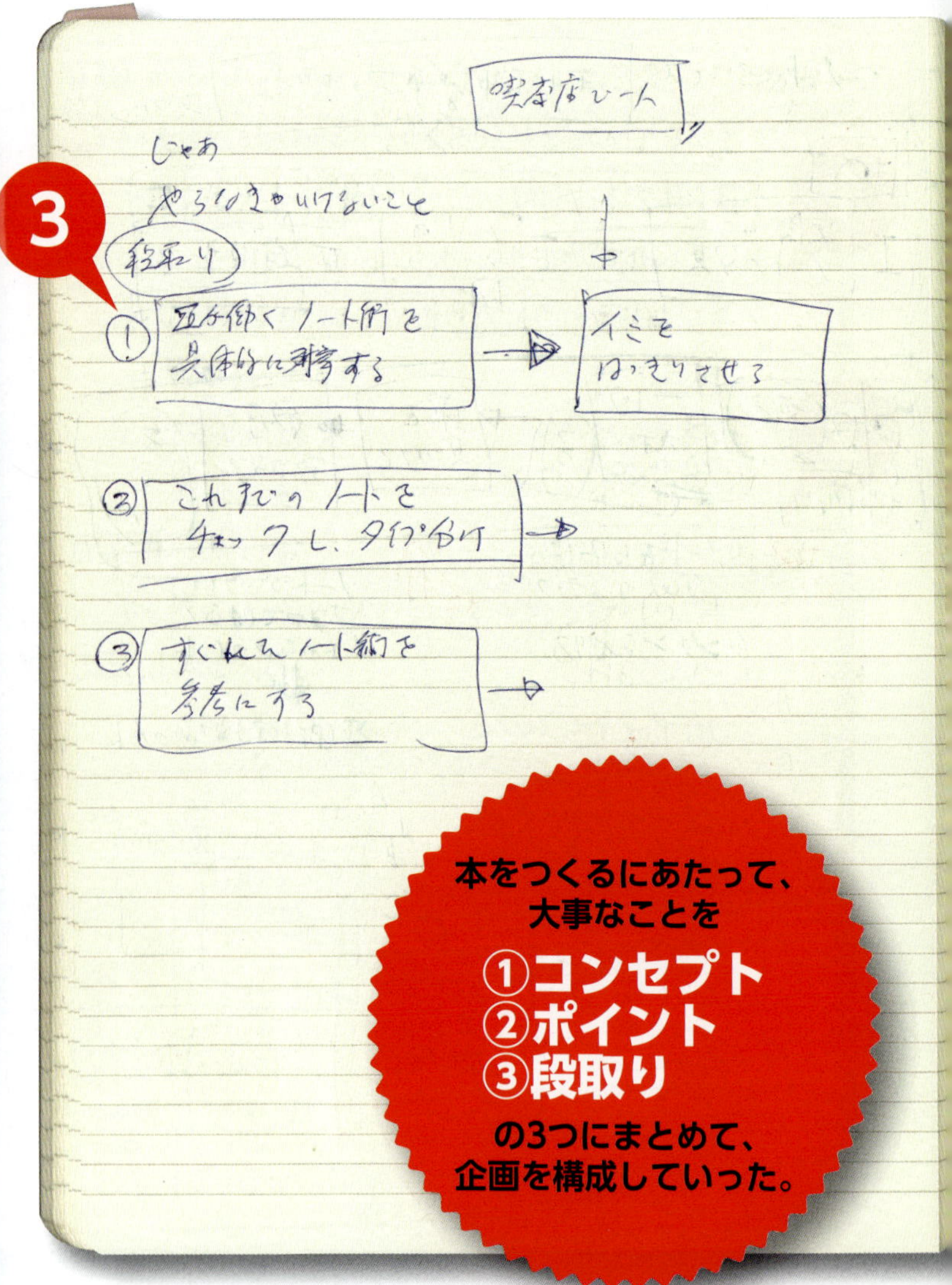

本をつくるにあたって、
大事なことを

①コンセプト
②ポイント
③段取り

の3つにまとめて、
企画を構成していった。

新版によせて

プレゼンのポイントが全然まとまらない。レポートの内容が完全に行き詰まってしまった。もうすぐ会議なのに、なかなか頭の中が整理できない……。

誰もが一度ならず、こんな〝モヤモヤ〟に悩まされたことがあるだろう。その一方で、スピードがますます重視される社会に生きている私たちにとって、「結論を早く出す」ことの重要性は増すばかりだ。

では一体どうすれば、モヤモヤする頭をフル回転させ、明確な答えにいち早く行き着く思考力を身につけられるのだろうか。

その答えとなるのが、本書のテーマである「ノート術」だ。

私たち日本人は、小中高そして大学とずっとノートをとり続けてきた。そのため、ノートをとる＝黒板やホワイトボードに書かれたことを書き写すこと、発言者の一言一句をメモすることだと考えている。しかし、これはノートの使い方としては実に間違っていると言わざるを得ない。本来ノートとは受け身でとるものではなく、もっと、主体的、積極的に使いこなすべきものなのだ。

それでは、具体的にどのようにノートを使えばいいのだろうか。

私がよく言うのは、アイデアは頭の中で考えるのではなく、ノートの上で考えようということ。頭がモヤモヤしている状態で、いくら物事を考えても、思考は一向に前に進まない。

それよりも、頭の中に浮かんでいるアイデアの切れ端を、とりあえず片っ端からノートに書き込む。すると、今頭の中で渋滞を起こしている懸案や問題、あるいは、まとめるべきポイントが浮き彫りになってくる。

さらに、そこに図や記号などを書き加えてビジュアル化すると、思考の全体像がくっきりと見えてくる。

ようするに、頭の中に浮かんだことを文字にしてノートに整理すると、自分が選ぶべき論理的な思考回路が明示された「アイデアの地図」ができ上がるのだ。

さらにその際に、まとめるべきポイントを3つに絞って考えてみる。そうすると、「3

つにまとめる」という目標に向かってよりいっそう頭がクリアになり、クリエイティブな思考力が加速度的に働きだすのが実感できるはずだ。

ここで注意すべき点は、ノートのきれい汚いなどにはこだわらないこと。もしノートが手元になければ、書き出す先はチラシの裏でもメモ用紙でも何でもかまわない。

このような、頭の中に浮かんだことを文字にしてノートに書き出すという行為は、アイデアなどを整理する「知的生産術」だけでなく、実は「心の整理術」としても非常に役立つ。

私は大学教員として生徒の悩み相談にも数多く答えてきた。その際、ただ聞いて答えるのではなく、まず紙に悩みを書いてもらうことにしている。そして、アイデアのモヤモヤ解決の際と同様、その内容を改めて整理してみるのだ。

すると、何が心の重荷になっているのか、悩みの〝優先順位〟はどうなっているのか、たちどころにわかってくる。つまり、「悩みを文字にする→問題を整理する」の時点で、「問題が解決する」ところまで一挙に至るのである。

これは実は人間の本質にもかかわっている。「我思う、ゆえに我あり」で知られる、かのフランスの大哲学者デカルトも『方法序説』において、「問題を列挙して再確認することが真理への道」だと説いているのだ。

これから、私が今まで30年以上続けてきた、いわば「オトナのためのノート術」に関する具体的なノウハウをじっくりと解説していきたい。もちろん必要なのは、ノートあるいは紙とペンだけで十分だ。

本書を読み終わる頃には、きっと「書く→考える→わかる」が習慣化されていることだろう。と同時に、スピード社会を勝ち抜く〝クリエイティブな頭〟、そしてストレス社会でも決して折れない〝タフな心〟の持ち主になっている、昨日とは違う自分にきっと気づくはずだ。

２０１６年12月

齋藤孝

はじめに

私は、3という数字に特別な思い入れを持っている。

とにかくなんでも3つにしぼって考えるのが、思考習慣になっている。記憶をたどると、大学受験の頃には「大切なことは3つにまとめる」方式をやっていたので、かれこれ30年来の習慣になっている。

大切なポイントは実際には、5つも6つもある場合がある。もちろん、「7つ鉄則」「十カ条」というのもまとめ方としては悪くない。あまり硬く考える必要はない。状況に応じて、好きな数でまとめてもいい。

しかし、覚えやすくて、応用が利くのは、なんといっても「3」だ。3つにまとめると、話が構造化しやすい。

3つに重要なポイントを分けて考える作業が、とにかく大切なのだ。

たとえば、会社員には「ほうれんそうが大事」という言葉を聞いたことがある人は多い。私が1000人近くの20代の会社員に聞いてみたところ、全員が知っていると拍手した。この浸透力のすごさは、3であることによる。これが、「栄養豊富なほうれんそう」ではダメだったろう。

しかし、私の感覚からすると、「報告・連絡・相談」というのは、3つが互いに似すぎている気がする。三脚でいうと、距離が近すぎて、倒れやすい感じがする。

そこで、新人が意識すべき別の三カ条を考えることにした。人に話しながら紙にアイデアを書きつけていった。そうして「天守閣《てんしゅかく》」というワードができた。「テンション・修正・確認」の3つをキチンとやれば大丈夫だということだ。

あるビジネスセミナーでこの問いを出したら、一つのグループから「武・勇・伝」というアイデアが出た。「大丈夫というやさしさ・勇気・伝える力」といった意味だった。「3つにしぼる」という作業をすることによって、グループ全員の経験知が結集される。結果として出てくる「三カ条」以上に、この作業を通じて、経験知が交換され、共有されることがより大切なのだ。

「セブン&アイ・ホールディングス」の入社式で私が来賓《らいひん》として挨拶をする機会があった。その際、鈴木敏文会長（当時）のお話を聞くことができた。鈴木会長は、新入社員に3つのことをしっかりやってほしいと語られた。

「第一に、お客様の視点を忘れないこと、第二に、コミュニケーションによって情報を共有すること、第三に、基礎をしっかり身につけることが大切です」

具体的な基本課題を3つにしぼったうえで、「創業の精神を忘れないように」という大テーマで軸を通した。世界のトップ企業の名経営者の言葉だけに、重みのあるしぼりこみだ。膨大な経験知をあえてシンプルに3つに限定する。「大切なことを3つにまとめる」思考習慣をかいま見た気がした。

とにかくなんでも3つにまとめる習慣が身につくと、ものごとを本質的にとらえられるようになる。そのトレーニングは、ノートを活用することで加速する。

紙にメモすることなしに、しぼりこみは難しい。

たとえ3つでも頭の中だけでやるのは、きつい。しかも、大切なのは多くの情報や認識をうまく3つにまとめることだ。3つにまとめる以前のカオス的な状態をノートにザーッと書き連ねていく作業が、どうしても必要になる。

「紙にポイントを書いて考える」

これが、この本の基本だ。

メモ書きしないで考えることは無謀だ。いつもノートか紙の束を持ち歩いて、書きつけながら思考する。人と話すときも、間に紙を置いてポイントを書き出しながら話す。そして、重要なポイントを線で囲み、①、②、③と大きく書きつけ、3つの柱を浮かび上がらせる。

この作業がいつもできるようになれば、すでにそれだけでその他大勢の群れから抜け出すことになる。

なぜなら、これがリーダーの資質だからだ。

コミュニケーションしながら、みんなのアイデアを引き出し、原則を3つにまとめ上げていく。これができる人が場を自然にリードしていくことになる。

この本では、大人のためのノート術を徹底解説した。ノートを武器とすることで、強力な思考習慣を身につけてほしい。大人にとっては、ノートづくり自体が目的ではない。ノートにいつもポイントを列挙し、図化し、3つにまとめる作業を当たり前の習慣とすることで、頭のキレが格段に変わってくるはずだ。

齋藤孝

2010年3月

第一章　頭のよさはノートで決まる!

第二章

ノートはビジネスパーソンの必須スキル

第三章　頭と心がスッキリする齋藤式ノート術全公開

第四章　仕事のスキルを上げるノートのとり方

第五章

セミナー・勉強に役立つノートのとり方

第六章　心が軽くなるノートのとり方

第七章　アイデアがどんどん出てくるノートのとり方

本書は2010年4月に小社より刊行した
『大事なことは3つにまとめなさい！』を新書判として再刊行したものです。

第一章

頭のよさは ノートで決まる!

ノートが頭をよくし、心を強くする

大人こそ、ノートをとるべきだ。私は声を大にして、そう主張したい。

私は、学校教育で得られる最大の技術は「ノートをとる技術」だと思っている。小学校で6年間、中高で6年間、大学でさらに4年間、ノートをとり続けているのだから、12年間とか16年間という期間、ノートをとる練習を積んできたことになる。

それなのに、学校を卒業した途端に、ノートから離れる人が多い。これは非常にもったいないことである。

ノートをとる技術は、ビジネスパーソンになっても活かせる。いや、ビジネスパーソンになってからこそ、本当のパワーを発揮する。

レオナルド・ダ・ヴィンチは創作するときはノートに書いていたし、発明王エジソンもアイデアをノートに書きつけ、アルバート・アインシュタインもノートに書きながら、世紀の新発見をした。

ノートをとるのは、偉人だけではない。

私はテレビのお笑い番組をよく見るが、芸人さんたちは必ず「ネタ帳」を持っている。ネプチューンのホリケン（堀内健）さんは、次から次へとギャグを披露するから「天才か」と思ってしまうけれども、実はネタ帳に細かく書いているそうだ。ネタ帳は、仕事に直結する「ノート」である。

ビジネスパーソンで、最もノートを活用しているのは芸人さんかもしれない。

学校教育には、教科書や問題集があるから、むしろノートがなくてもいい。仕事のように教科書がないものこそ、ノートをとる意味が増す。

ノートは単に情報をメモするためのものではない。頭をよくし、心を強くするためのものだ。利益を生み出す仕事をするのにも、生産性を高めるのにも役に立つ。

学校教育で欠落しているノート技術

そもそも、文字の発明は、人類史的に見ると文明の画期点だ。言葉を話すだけだった時代が長くあったが、必ずしも「文明があった」とは言えない。文字ができて知識の蓄積ができるようになったことによって、文明は急速に発展した。そして、人間の認識力が高まった。話し言葉ではなかなか表現しきれないものも、書き言葉によって認識することができる。

たとえば、「問題の明確化」とか「自覚化」というのは概念だ。これは文字がなければ生まれなかったものである。人間は、概念を獲得することによって思考が高度になってきた。

書き言葉が、かたちのないはずの思考に輪郭をあたえる。それによって、モノのように扱うようにできるようになる。曖昧模糊《あいまいもこ》としていたものが、クリアに見えるようになる。言葉本来の威力は、書き言葉にあると言える。

「聞く・話す」技術は、社会の中で生活していれば自然と身につく。しかし、「読む・書く」技術、特に「書く」ほうは習わなければできるようにならない。だから「識字教育」がある。小学校でひらがなを習いはじめてから、高校、あるいは大学を卒業するまで、いかに文字を速く正確に書くかが求められる。

授業ではノートに文字を書く。テストだって、文字を書かなければならない。文字を速く正確に書く技術を身につけていくわけだ。これ自体、あなどれない技術である。

ところが、一つ欠落がある。

高校までは基本的に板書を写すことしかしない。またノートは板書を写すものだと思っている人が多い。

だから、大学に入って板書がなくなると、途端にこれまで培ってきた技術が損なわれていってしまう。

かつて『東大合格生のノートはかならず美しい』（太田あや、文藝春秋）という本が話題になった。

東大合格生は、板書を写すだけでなく、授業の中で話された先生の言葉も自分のスタイルできれいに整理している。私は、これが基本だと思う。「板書＋先生の言葉」というかたちだ。「東大合格生のノート」は、東大に合格した人の「高校時代のノート」だったのだが、先生の言葉をメモする習慣がついている人は大学でもノートを上手にとれる。

ところが、板書だけを写すノートをつくっていた人は、講義中心の大学の授業では呆然としている。板書がないから、ノートに書くことができないのだ。大学では先生の話をノートにとるのが当たり前だが、最近はしっかり指示をしないと、ノートに書かずにただ聞いている学生も多い。

書き言葉には考える力が宿る

ノートをとらなくなると、学生時代に培ってきた技術が、どんどん損なわれていく。速く正確に文字を書くことができなくなり、ペンを持つことすらできなくなってしまう。

私の見たところ、大学生の5人に3人はペンの持ち方がおかしい。

『東大合格生のノートはどうして美しいのか？』の中に、「東大合格生は鉛筆の持ち方も美しいですか？」という問いがあった。答えは「8割方美しい」。

ということは、5人に1人はペンをうまく持てていないことになる。親指と人差し指がクロスしていたり、スプーンを握るようにペンを握りしめていたりする学生がいる。

8割方美しいというのは一般に比べれば、いくらかマシという程度だ。私が東大に行っていた頃は、そんなにペンの持ち方がおかしい人はいなかった。時代が進むにつれて、書く力が弱まっているようだ。

ノートは社会に出てから役に立つ

東大合格生のノートは、「板書＋先生の言葉」を美しく書いているという話をした。

私自身、東大法学部の学生だったときは、同級生のノートが美しいことに驚いた。正確で見た目がきれいだというだけでなく、構造化ができている。

構造化とは、本で言えば、章、節、項という大きなまとまりができているということだ。長い文章がひたすらに続いていたら趣旨をとらえるのも難しいが、構造化してあることでとらえやすくなる。

初めに章という大きな区分けがあって、章の中にも意味のまとまりごとに節、さらに項ときちんと分けられている。章、節、項にはそれぞれタイトルがつけられるが、それが論理的に整然と並べられていると、意味を理解しやすくなる。

話も同じである。そういった構造上の優先順位を、話を聞いた段階で理解し、ノートの文頭の位置を変えることで表現しているのだ。

また、話を図化してノートに加えている人もいる。そのまま参考書として売り出せるのではないかと思うくらいだ。

もちろん、講義を聞いているときには、とりあえず話をなぐり書きしておき、あとから改めて構造化してノートにする方法もある。しかし、東大の同級生たちは、そういった手間がないように、その場で構造化して書いていた。言語処理能力および情報整理能力に感心した。

私はノートを借りることが多かったが、当然、こういった美しいノートを狙って借りた。「誰にノートを借りるか」というのは重要である。「誰々のノートはいい」と評判のノートは、やはり構造化されているノートだった。

構造化したノートをとっている彼らは、大学を卒業して官僚になったり銀行員になったりしたときに、資料のつくり方にこのノート力をそのまま活かすことができる。

今、官僚の評判はあまりよくないが、高度経済成長を支えた高級官僚の優秀さというのは確かにあった。そもそも東大法学部は官僚養成機構だったことを考えれば、ノートが上手だというのは必然だ。入試からして、官僚に必要な能力を要求している。法律知識は当然だが、重要なのは、大量の言語情報を要約してポイントをはずさずに理解し、その理解に基づいて立案するといった能力だ。

ノートは美しくなくてもいい

東大の入試問題は非常によくできていて、たとえば国語の入試問題で多い設問は、難解な文章に線がひいてあり、それを「わかりやすく説明せよ」というものだ。抽象度の高い文章を、具体的に誰もがわかりやすい言葉に置き換えることができれば、その人は内容を理解していると言える。

数学の試験では、ただ数式を並べるのではなく、その論理を日本語の説明を含めて述べることが求められるし、社会科の試験も論述が中心だ。空欄を埋めたり、キーワードを答えたりする問題は記憶力を試されるが、東大の入試問題は言語処理能力や情報整理能力を試される。

確かに、美しいノートで成績がよかったからといって、仕事ができるとは限らない。勉強ができることと仕事ができることは必ずしも一致しない。商売となれば、金儲けには独特の嗅覚みたいなものも必要になる。

しかし、多くの仕事では「期限までにキチンとこなす」ことが基本としてある。全体の中にある自分の守備範囲を見きわめ、段取りをつけて、形にするのが大切だとすれば、ノートの技術は社会に出てからもそのまま役に立つ。

この認識を持っているかいないかで、大きな差がつく。

技術はどうあれ、まずは「ノートをとることは社会に出てからこそ必要だ」と考えていることが最も大切だ。

頭をよくするノートのとり方

頭をよくするには、漫然とノートをとっていてもダメだ。もっと攻撃的なノートのとり

ノートを構造化すると、理解力が深まる!

春の新商品販売戦略

2016.12.22

（章）

1.新商品の概要

1-1 新商品投入の背景

- **昨年テスト的に販売したところ好評だったため、問い合わせが殺到**
- **当社の目玉に育てる**
  第二の看板商品に育てる
  春夏秋冬で違ったコンセプトを打ち出す

1-2 新商品の特徴（節）

- **クセになる**
  刺激が強くて、やみつきになる
- **バリエーションを増やす**
  商品数を増加してコーナーを確保
  お年寄りから子供まで幅広い年齢に対応

1-3 目標

- **対前年比 150%以上**
- **目標を達成して、夏の新商品につなげていく**

2.新商品の販売戦略

2-1 キャンペーン方法

- **A コンビニチェーンとのタイアップ**
  関東地区で試食会―23 区の 10 店舗で試食会

（項）
✓昼と夕方、1 日 2 回行う
✓ターゲットは―昼は主婦、お年寄り、夕方は学生、OL
　・昼は家族向けを陳列
　・夕方はクセのある商品を陳列

方が必要になる。

一つは、「攻撃的な」意識でもってノートをとること。

ノートをとるときの意識のあり方には段階がある。

たとえば、20分程度の話をしたあとに、「今の話を3分にまとめて再生してください」と言うと、ほとんどの人は何もできない。あらかじめ、「メモしながら聞いてください」と言うと、メモはとる。しかし、そのメモを見ながらでも、「ではそれを3分にまとめて言ってみてください」と突然ふると、何が言いたいのかわからない話になったり、途中であきらめてしまう。

話を聞いて情報を得たら、その情報は使えないと意味がない。「そういえば、そんな話を聞いたような気がする」というのでは、聞いていないのと同じだ。必要なときには再生できることが重要である。

話を聞いている時点で、「次に自分が話すのだ」と思ってノートにしないと、再生することはできない。これが、受動的にノートをとるのか、攻撃的にノートをとるのか、という意識の差だ。意識のあり方によって、話の吸収率が全然違う。「次に自分が話をしなければならない」という差し迫った状況になってはじめて、攻撃的なノートのとり方ができる。

受動的にノートをとっているだけでは、頭をよくすることはできない。話を聞いてメモするなら、それを次に再生する意識でノートにする。実際に、ノートをとった話を2人くらいに話して聞かせるといい。「この話は誰々に教えてあげよう」と思いながらメモをとると、そうでないときに比べて理解や記憶の率がアップしているのを感じたことがあるのではないだろうか。

もう一つは、話されていることとリンクする自分の経験をメモすることだ。話されていることが網とするなら、その網で、自分の経験知の海から魚をとってくるのをイメージしてほしい。「自分にも似たことがあったな」「以前にこういう話を聞いたな」という具体的なエピソードをメモする。

客観情報と主観情報をどちらもノートに書くのである。同時に2つのことをするから、慣れないとけっこう難しい。しかし、だからこそ、この訓練をすることで、頭をよくすることができる。

頭がよいとは、文脈力である。現実の意味を把握することができる力。抽象的なことがらも、文脈に沿って具体的に説明できることが大切だ。そのためには、「たとえば、こういうこと」「似ているものに、これこれがある」と説明する習慣をつける。しかも、瞬時に情報同士を結び付ける。

このトレーニングはノートでできる。ノートをとることによって、頭をよくすることができる。

できない人は「ノートづくり」にハマる

ノートをマジメにたくさん書いているのに、勉強も仕事も上達しない人がいる。ノートづくりは時間をかければいいというものではない。時間のムダになってしまうこともある。

私は大学時代に、憲法や刑法の分厚いテキストを、何カ月もかけてノートに書き写したことがある。これは失敗だった。最終的には、そのノートを放り、テキストを持って試験に臨んだ。テキストの余白に必要なことを書き込んだら、ノートよりもこっちのほうがいい。

手を使ってノートに書き写すことで、記憶に残った部分はあるかもしれないが、効率が悪すぎた。しっかりしたテキストがあるなら、そこに三色ボールペンで書きこみをしてノート化するか、目次部分を拡大コピーして書き込みをするといった方法がいいことに、あとで気づいた。

「ノートづくり」にハマるのが、デキない人のパターンだが、私もまんまとハマってしまった。マジメな人が陥りやすいのが、これだ。つい作業を頑張ってしまう。

作業は「隠れ蓑」だ。

本来は、上達するためにやっているはずなのに、上達していないという問題から目をそむけてしまう。周囲からも、「頑張っているね」「勉強しているね」と言われるし、上達しなくても言い訳ができる気分になる。

「作業」をしているときの脳は、貪欲《どんよく》さがない。臆病な態度とでも言おうか、その姿勢がまずい。目と手を使い、「右から左へ受け流す」ような感じだ。上達したいなら、頭を使って段取りを見抜き、再構築しなければならない。

数学の解法にしても、英文にしても、構造を見抜いて、そのパターンをストックしていく。たとえば、平面図形の問題には、典型的ないくつかのパターンがある。問題を解く「段取り」がある。それを、整理してノートにしておく。

段取りのストックがあれば、問題にあたったときに冷静に対処できる。複雑な問題も、段取りの組み合わせで解くことができる。「私は段取りを把握しているのだ」という自信があれば、パニックにならなくてすむ。

これは仕事も同じである。段取りをストックしておけば、現実の複雑な問題にも冷静に対処することができる。

数学者は紙の上で数式を解く

私は教え子たちには、「考えることと、手で文字を書くことはイコールだ」と徹底的に教えている。たとえば何か課題を出し、「考えてください」と言う。たいていの人は視線が上を向いている。そこで、私はこう言う。「上を向いている間は、考えていると言わない。紙に書いてください。箇条書きでも図でも何でもいいから、アイデアをどんどん書いて、手が止まったときはもう考えていないとする」

これは極端な言い方だが、私の感覚では間違っていない。頭の中だけで考えていると、思考は堂々巡りになり、発展させることが難しい。ぼんやりと「思う」「煩う」というのは「考える」うちに入らない。

ある日、文藝春秋の広告欄に、紙について書かれているものを見つけた。数学者で、お茶の水女子大学名誉教授の藤原正彦先生が、こんな趣旨のことを書かれていた。

「どこの数学科にも、100枚綴りくらいの紙の束が置いてあり、それをパッドと呼ぶ。私たちはこれをひたすら使い、計算したりアイデアを書き出したりしている。パッドがなければ、仕事にならない」

数学者だから、コンピューターでも使って壮絶に高度なことをするのかと思ったら、紙に書き出しているというのである。藤原正彦先生は文学者でもあるから、草稿も紙に書いている。数学と文学は、学問の中で対極をなすように感じられるが、どちらも同じ紙の上で考えられているのだ。これは、書くということの本質を示していると思う。

白い紙とペンさえあれば、どこでも仕事ができる。その頭を持っていることが大切だ。

ただし、パッドがないと、頭の中のものをカタチにすることができない。パッドというのは綴じられた紙だから、一種のノートである。

私も、頭の中だけで考えようとすると、堂々巡りになってしまい、そのうち考えるということが収束していってしまう。文字にしないと、先に進むことができない。

アイデアを生むためには、延々と考え続けることが必要だ。延々と考えても堂々巡りにならないためには、もう書くしかない。書いていると、頭の中がクリアになっていく。自分が書いた文字に刺激され、考えがステップアップしていく。

考えることは、手書きで書くこととイコールだと思えば、どうしてみんな書き続けないのだろう。不思議に思ってしまう。

できる人はノートを「ワザ化」する

最近、ビジネスパーソンの間で、ノートが見直されているようだ。さまざまなツールを使いこなすことによって、一瞬、頭がよくなった気がしたが、実は何も変わっていない。

むしろ、考えなくなっていることに気づき始めたということではないか。

たとえば、パソコンソフトで、きれいな図が描けるようになった。私も、その便利さや美しさには感心してしまう。しかし、いくらすごい資料を作成できても、そのことによって、仕事ができているわけではない。仕事上の意思決定には、ほとんど関係ない。

結局、自分が勝負できる武器はそう多くない。

そう感じた人たちが、基本に立ちかえろうとしている。『論語』などの古典が見直されているのも、この流れだと思う。ノートの実力が見直されているのは、喜ばしいことだ。

ただし、多くの人は「ノートづくり」のスタイルばかり気にしていたり、ノートに対する固定観念を持ちすぎていたりする。もっと自由でいい。スタイルに踊らされるのは、本質ではない。

重要なのは、紙の上で考えられるかどうかだ。究極に言えば、紙とペンがあればいいのである。

ただ、1枚ずつの紙に書いていると散逸してしまうから、最初から綴じられているノートを使うのは合理的である。紙の上で考えるようになれば、自然にノートなしではいられなくなる。これを考えることの「ワザ化」という。

「ワザ化」とは、あることが反復練習によってしっかり身につき、自分の中で確立された方法になっていることだ。考えることを「ワザ化」しているかどうかは、ノートを書いているかどうかでわかる。


常に唯々諾々と考えていることをメモするのでなくてもかまわないが、「あ、これだ！」と思ったらすぐにメモしないと、あっという間に消えてしまう。考えたことの成果は、文字にしておかないと自分でもわからなくなってしまうのだ。

だから、「今、何を考えているの？」と聞かれたときに、パッと「今こういうことをテーマに考えていて、仮説はこれとこれとこれの3つあって、最初がこういう状態だ」というように話せる水準に達するには、ノートが必要なのである。

パソコンは脳にはなり得ない

今はケータイやパソコンといった便利なツールがある。昔ほど文字を手書きすることは

ノート術には3つのレベルがある

板書　**中高生レベル**

・先生が黒板に書いたことをそのまま写すだけ

構造化　**東大生レベル**

・板書＋ポイントをしぼった先生の言葉をメモする
・ひと目で内容がわかるように整理されている
・走り書きをして終わってから整理してもよい

ワザ化　**上級者レベル**

・大事なことをすぐメモする
・ポイントを3つにしぼって書く
・客観情報＋主観情報（コメント・感想）を書きこむ

ビジネスパーソンはここを目指そう！

なくなっている。パソコンが代わりに変換してくれるから、漢字が書けなくなっている人は多いのは問題だ。

漢字が書けないと、抽象的でクリアな思考がしにくくなる。もともと漢字は、抽象的な「概念」を表すのに適しており、非常にこまやかにできている。

文章を書くのは話し言葉のメールばかり、漢字は書けないという状態では、頭はよくならない。

すでに述べたように、言葉本来の威力は書き言葉にある。書き言葉が苦手になっているということは、抽象的でクリアな思考がしにくくなっているということだ。

書く力が弱まっているのは、考える力が弱まっていることにほかならない。

あるいはパソコンで問題や対処法、アイデアをメモすればいいのではないかと考える人もいるかもしれない。しかし、私は手書きをおすすめしたい。手書きは自在性がある。ノートの空間の中で、右へいったり左へいったり、言葉を線でつなげたり、図と組み合わせたり、自由に書くことができる。

手書きすることで脳も活性化する。

『東大合格生のノートはどうして美しいのか？』に、こんな調査が載っていた。

授業をノートにとるときに、「板書＋説明をノートに書く」「板書だけをノートに書く」「板書＋説明をパソコンで打つ」の3パターンの方法で行い、それぞれ脳の状態を調べた。すると、板書＋説明をノートに手書きしているときの脳が最も活性化していることがわかった。

次に、板書だけを手書きしているときの脳、最も脳が活性化していないのは、板書＋説明をパソコンに打っているときだった。この結果には納得がいく。この実験には含まれていないが、板書のみをパソコンに打ち込んだら、ますます脳は鎮静化するだろう。

パソコンにはない手書きのよさ

手書きは、パソコンに文字を打つよりも脳への負荷が大きい。文字の配置を自分で決めなければならない。話の内容を理解して、ある程度構造化して書くことになる。

パソコンは、情報が目から手へ抜けていってしまうような感じがする。脳を素通りしているような感覚である。

キーボードと、出てくる文字は分離しているので、頭の中にあるものと、アウトプットが別物のように感じられる。パソコンに文字を打つときは、どうしても「作業」に没頭するようになってしまう。聞こえてきた言葉をそのまま打ち込む、というのは「作業」だ。

速記者は手書きだが、話の内容を理解しているというよりは、内容をとにかくザーッと写している。話し手の言葉を正確に書き取るほうに意識がいっている。速記の技術は、書き取ることにおいては役立つが、脳の活性化とは違うことがイメージでわかってもらえるだろう。

パソコンは、情報を整理したり保存したりするのに便利だ。長い文章を書くときにも、パソコンのほうがいい。本の原稿を手書きしていたら、修正が大変である。大量の計算をしたり、数字から表やグラフをつくったりするのも、パソコンは優れている。しかし、パソコンが自分の脳であるかのような錯覚が怖い。

情報を右から左へうつすだけで満足したり、情報をストックするだけで頭がよくなった気になったりしてしまう。いいゴルフクラブを買っただけで、ゴルフがうまくなった気になるのと同じだ。パソコンは脳になってくれるわけではない。

本当の意味で利益を生む思考をするときに、パソコン上でやる必要はない。意思決定をしなくてはならない人ほど、手書きで考えることを大切にしたい。

自己肯定力と客観視を車の両輪にする

意外に思うかもしれないが、ノートは、メンタルコンディショニングにも役立つ。

先日、「会社に行くのがイヤだ」と言う20代の人がいたので、「何がイヤなのか、箇条書きで書き出してごらん」と言った。不満を書き出してみると、書き出す前と比べてだいぶラクになったという。

人間は、正体の知れない不安感が最もつらい。書き出すことで正体が見えてくると、一つひとつはたいしたことないか、と思えるようになる。

心の中にモヤモヤとあるものを、ノートの上にはき出すことは、十分にクリエイティブな作業だと言える。心がスッキリし、前へ進むことができるからである。これが、たとえば「ストレス解消セミナー」のようなものに参加し、言われたことをメモしているだけだったらクリエイティブとは言えない。自分と向き合うことが必要なのである。

最近は「ブログ」や「フェイスブック」を書く人が多いのかもしれないが、昔は人には公開しない「日記」が流行っていた。日記も一種のノートである。自分自身を振り返る時間を持つことで、心が整理されていく。こういう作業が、メンタルコンディショニングに必要だ。

日記は本来、自分で書いて、自分で読むものだ。自分自身を掘り下げることができ、書いたものを読むことで、自分を客観的に見ることができるようになる。

仕事や人生で成功するには、自己肯定力と客観視を両輪で回すことが大切だ。客観視だけだと、やみくもな野心や自信を持ちにくい。エネルギーが出なくなり、勢いがなくなる。逆に、自己肯定ばかりで客観視できないのは困る。20代までならいいが、だんだんバカに見えてくる。

ノートは自己肯定と客観視を同時に行える場所となる。ノートに向き合うことで、客観視が促され、自己肯定力も湧いてくる。

ノートで心を強くしよう。

第二章

ノートは ビジネスパーソンの 必須スキル

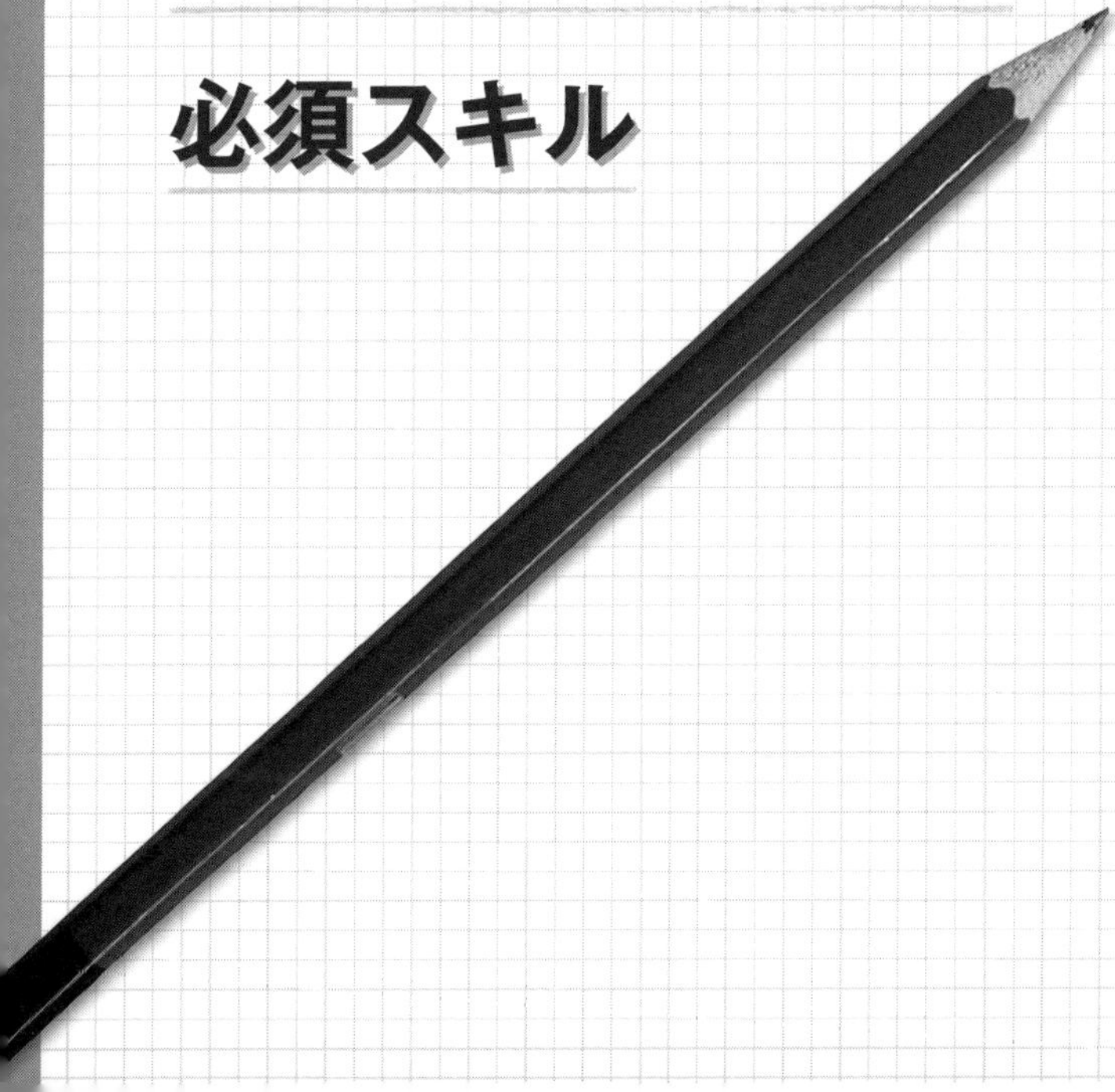

ノートで狩猟系ビジネスパーソンになる！

第一章で、「美しいノート」について述べた。文字を速く美しく書くことは、学生の頃に培った技術だという話をした。だが、ビジネスパーソンのノートに関しては、文字をきれいに書こうと心を砕く必要はない。

ビジネスパーソンのノートに見た目は関係ない。東大生のノートのように美しくなくてもいいのだ。私のノートを見てもらえばわかるが、汚くても一向にかまわない。書くことそのもの、何を書くかが重要なのだ。

受験勉強のように、言語情報を再生して正解を得られるものであれば、文字がきれいなほうが有利に働く。汚いノートは繰り返し見たいという気が起こらないだろう。

しかし、仕事においては言語情報を再生するだけでは意味がない。アイデアが利益を生むのであるから、仕事で重要なのはクリエイティブな頭だ。

私の場合、クリエイティブな頭の状態と、ノートをきれいに書こうとしている頭の状態は一致しない。むしろ乱雑に書くほうが、脳がリラックスしてアイデアが生まれる。これは個人差があると思うので、一概にどちらがいいとは言えないのだが、少なくともきれいに書くことを目的化するのには意味がない。整理してきれいに書くというのは「お勉強」という感じがぬぐえない。先生の話に従って言葉を記録し、再生するためのノートだ。

学校での勉強は、それで問題なかった。しかし、社会に出たら、やるべきことを逐一教えてもらえるわけではない。人の話をきれいにノートにとろうとしていると、ビジネスに必要な攻撃性が出てこない。私は、ビジネスとは本来、狩猟系のものだと思っている。

大まかに言って、ビジネスは狩猟系と農業系に分けられる。

農業系というのは、昨年やったことを今年も同じようにキッチリやるタイプの仕事である。たとえば、レジ打ちで正確に金額を打つ、注文を間違いなく伝えるといった仕事だ。こういう農業系の仕事は、どんどんアルバイトの仕事になっている。今後は、ビジネスパーソンは狩猟系にならないと正社員としていられなくなるのではないか。

狩猟には攻撃性が必要である。積極的に獲物を狙っていかなければならない。

私はタクシーによく乗るが、「タクシーの運転手」という比較的繰り返しが多いように見える職種でも、そこにはレベル差をものすごく感じる。抜け道を知っていて、挨拶の仕方やコミュニケーションがとても感じのよい運転手がいるかと思えば、六本木ヒルズを知らない運転手もいる。

気づきと工夫を身につけるツール

毎日、客を乗せて運転すればいい、という意識では次第に苦しくなってしまう。評判がよくなければ収入にも響くだろうし、なにより仕事自体が面白く感じられないのではないか。

その日その日で成長していく意欲のある人は、工夫を積み重ねている。自分なりのアイデアで抜け道を探し、自分なりのアイデアでコミュニケーションを工夫している。その積み重ねで、大きな差ができてくる。

アイデアというと、突然思いつくものかと思う人もいるかもしれないが、そうではない。ちょっとした気づき・工夫を積み重ねることがアイデアになる。

イチローが、「小さいことを積み重ねるのが、とんでもないところへ行くただ一つの道だと思っています」と言っていたが、この言葉はビジネスパーソンにも通じる。

成功へのただ一つの道は、小さな気づき・工夫を積み重ねることだ。そう考えたとき、気づき・工夫を積み重ねるツールが欲しくなる。そのツールとして最適なのはノートだ。手書きで、何かをつかみとろうとして書く。その結果、気づき・工夫が記録され、積み重ねられていく。優秀な人は記録をつけているものである。

ビジネスパーソンにとって、ノートをとることには次のようなメリットがある。

1　情報の吸収・整理
2　仕事の上達
3　課題発見
4　コミュニケーションがうまくなる
5　時間の有効活用
6　目標達成

次項から順に説明していこう。

メリット1　ノートで情報吸収がうまくなる

意欲があるかどうかで、情報の吸収度は変わってくる。しかし、常に高い意欲を持ち続けるのは難しい。自然に意欲を保つにも、ノートは役立つ。

ある状況に自分の身を置くことで、自然に「構え」ができることがある。身構え、心構え。つまり、そのモードになれるということだ。

たとえば、私は集中して執筆するときには、取り組んでいるテーマに関連する本で机の周りを埋め尽くし、狭い場所をつくり出す。これを「コックピット感覚」と呼んでいるが、集中して執筆するときの「構え」なのである。とりあえず環境をつくりさえすれば、無理しなくても自然にそのモードに入れる。

同じように、相手の話に積極的に関わる「構え」をつくるには、ノートをとることだ。ノートをとれば、自然と、積極的に身を関わらせる姿勢を確保できる。

人の話を聞くときの状態を、ものすごく受動的なところから、ものすごく意欲的なところまで10段階に分けるとしよう。日常の会話では受動的に聞いているので、1～5までの間でしかない。ギアが入っていない状態だ。ところが、ノートをとるというだけで、レベルが6～7に上がる。眠くてしかたがない、といった様子で1の段階にいる人でも、ノートをとるだけで一気に6の段階になれる。もともとは意欲がなくても、自動的に意欲を持つことができる。

だから、もし、自分の話を積極的に聞いてほしいと思ったら、ほかの指示をするよりも、ノートを書かせることが一番いい。

ノートで外の世界と内の世界を結ぶ

私の経験で、印象に残っているノートがある。精神的につらいとき、日記風に心の面を書いているノートに、映画の感想や、読んだ本のことなどが書いてあるものだ。

映画や本は、自分の外側にある情報である。ノートには情報だけでなく、それを受け取ったときの自分の感覚を同時に書いておく。そうすると、外の世界と内の世界に結び目ができる。この「結び目」が、自分にとって重要なことだった。自分がこの世界に確かに存在していることが感じられたのだ。

外の世界と内の世界との結び目をつけていかないと、外の世界に興味がうすれていってしまう気がする。仕事においても、「別に自分じゃなくてもいいんだ、この仕事は」と思ってしまう。それが進むと、「生きていてもしょうがないや」みたいな気にもなってしまう。

外の世界と内の世界に結び目をつくるのが、ノートである。

外の世界に情報はどんどん増えているから、それだけ勝手に結び目が多くできるかというと、そういうわけではない。

現代は情報の飽食時代だ。情報が多すぎて、栄養を吸収したくても胃腸が働かなくなっているような状態だ。だから、ノートの必要性がさらに増す。ノートをつくることで、情報の吸収力をあげていくことができる。ヨガは身体を敏感にしていくが、ノートは感性を敏感にしていく。

ノートには、三色ボールペンを使って、外の情報を青で、自分のことを緑で、そして情報と自分が結びつく、「あ、ここだ！」と思えることを赤で書くようにする。そうすると、自分の中の吸収力が高まっていく。

現代人は、情報の洪水の中にいながら、それが活用できていない。情報をワザ化できていないのだ。

たとえて言えば、泳げるようになろうとして水泳のやり方を延々と調べているような状態である。情報に惑わされているだけで、自分のものとして定着しているわけではないから、水の中にいざ入ってみたら、泳げない。

それでは、とにかく最初から水に入ればいいのかと言うと、やはり理論を知ったうえで水に入るのが一番効率がいい。ワザにするには、情報を得るのと、自分で動くのと同時にやらなければいけない。それが外の世界と内の世界の結び目をつくるということでもある。

情報と心を両輪として回せるかどうかが重要だ。

ノートの厚みは自信につながる

自分の内面から出てくる言葉を、紙に書き出す。紙1枚でもいいが、ノートなら厚みがあるので、積み重なっていくのが見た目でわかる。ノートが一冊一冊積み上がっていくと、その厚みが自分を支えてくれるようになる。自分自身の認識が構築されていく感覚があるし、自信になる。

ノートの厚みは自分の武器になるのだ。だから、私は見返さないノートもなかなか捨てることができない。

以前、パソコンの中のデータが全部飛んでしまったことがある。パソコンの中には本何冊分にもなる資料が保存されていたから、「あちゃー」とは思ったが、不思議とノートがなくなるときほどのショックはない。自分の血と汗はノートのほうに染み込んでいる。

世界的に有名なサッカーの監督ジョゼ・モウリーニョは、選手時代は無名だった。そんな彼がなぜ、世界トップクラスの監督になれたか。その答えは、実はノートにあった。

彼は休暇中（仕事がない、という意味だ）に、トレーニング・ファイルをつくっていた。「それは〝トレーニング・ファイル〟とでも呼ぶ、私の仕事内容をすべて書き綴ったものだった。練習を行ううえでの目的、指導方法が書いてあり、『この目的のためには、こういうトレーニングをしろ』という指示がしてあるんだ。そのファイルには、体系化された私の考えが記されている。もしタイトルをつけるとしたら、〝私のトレーニング・コンセプトの進化論〟という感じだろうか」（『ジョゼ・モウリーニョ』講談社）

モウリーニョは、選手としてトレーニングをしている頃から、ノートをつける習慣があった。トレーニングと自分の考えを必ずノートにメモしていたという。アシスタントコーチとして指導をはじめてからも、毎日欠かさずノートに記録をしていた。これらをまとめあげたのが〝トレーニング・ファイル〟だ。

「ファイルが完成した瞬間、監督になれる準備が整ったと思ったよ」

ファイルが財産となり、拠りどころとなる。

普通に考えれば、選手として名声がないと監督になってもなかなか自信を持って選手に指導をすることは難しい。しかし、モウリーニョにはこのファイルがある。選手たちも、監督が自信を持っていることがわかれば、素直にやってみようという気になる。効果が出る。いい循環が生まれる。

モウリーニョは自信家と言われているが、その自信の源は、このトレーニング・ファイルにある。

ノートの厚みは自分の思考の蓄積であり、これを見たら「自分はこれだけやってきたんだ」という自信にもなる。そこから導き出した考えには説得力がある。

☑ メリット2　仕事が上達する

言語化されていないものを見て、その骨組みを理解するということを、「ワザを盗む」という。ワザを盗む観点を持って仕事をすると、成長が加速する。

ワザを盗む観点は、何でも教えられすぎてしまった人は、なかなか持つことができない。勉強は教えられるものだと思っていると、ワザを盗もうという気にはならないだろう。一方、音楽やスポーツの世界では、うまい先輩のワザを盗もうという意識がある。ところが、ほとんどノートをとることがない。なんとなく感覚的に、見て盗もうとしている。

つまり、勉強におけるノートは、ワザを盗む意欲がなくても、とりあえず書けてしまい、技芸の世界では、ノートを書く習慣があまりない。どちらも、ノートを活かしていないことになる。

今の日本は、あちこちに情報はあるし、みんな親切に教えてくれる。だから、誰もワザを盗もうとしなくなっている。そんな中に1人、ワザを盗む観点を持った人がいたら、その人はすごいことになる。おとなしい羊の群れの中に、肉食獣が放たれたようなものだ。食いたい放題の様相になる。あれもこれも吸収して、すごい勢いで成長するだろう。周囲の目には脅威に映るかもしれない。

個人的には、あまりがっついているのは好きじゃないから、「静かな肉食獣」という形容をしておこう。「ノートで静かな肉食獣になれ」と言いたい。

何事もワザの世界であり、ワザとは暗黙知であると考えれば、言語化して取り入れることはとても意味がある。

「教えてもらおう」という受動的な姿勢ではなく、ワザを盗む観点を持って、仕事をする。仕事のできる人を観察し、暗黙知をノートに書き出す。

ワザを盗むというのは、「パクる」というような軽い意味ではない。すべてを自分のヒントにする、ということだ。「剽窃《ひょうせつ》の天才」ピカソはそうやって成功していた。

ピカソは、無名な画家からも、どんどんヒントを得て自分のものにしている。「素材のカケラでも見つければ、自分のほうがもっといい作品に仕上げる」というような意識を持っている。ピカソが自分を発展させることができたのは、ワザを盗み、自分の中に再統合するというのを繰り返していたからだ。

日本では昔からワザを見て盗むことがいいこととされてきた。言葉では教えないから、見て盗め。見て盗めないヤツは、ダメだ。そういう教育方法がよしとされていた時代があった。

ワザを盗んでトレーニングメニューをつくる

なぜあの人は仕事ができるのだろうかと思ったら、観察してノートにとってみる。ノートをワザ化できるようにすると、仕事が上達するための「トレーニング・ファイル」のようなものができる。

経験知のように見えるものを、自分なりに言語化して書く。そうすると、ワザを盗む観点が確立される。その人に近づくためのステップを、トレーニングメニューのようにしてつくることができる。

必ずしも自分がつくったトレーニングメニューが合っているとは限らないが、それでいい。ワザを盗む観点が定着すれば、必ずステップアップしていくことができる。

トレーニングメニューをつくるうちに、当初目指していた人のスタイルから少しずつスライドしてきて、自分なりのスタイルができるようになる。それが、仕事のうえでの「個性」となる。だから、「あの人みたいになりたい」という目標の人がいれば、この方法は役に立つ。

自分の仕事スタイルを見つけようという場合、まずは、いろいろな人のいいと思われているワザをノートに書き出してみる。そのワザを身につけるためのトレーニングメニューを自分なりに組み立てる。

私がこれに気づいたのは、運動部のコーチとしての経験の中で、トレーニングメニューノートがとても役に立ったからだ。コーチである私は、練習メニューを自分で組み立てなくてはならなかったから、必要に迫られてメニューをノートに書いていた。あるとき、これは仕事でも同じだと思ったのだ。

仕事では、何でも教えてもらえるわけではない。仕事のできる人を見て、そのワザを盗もうとすれば、成長は早い。同じように自分のやるべきトレーニングメニューを見つけ、それをこなしていけばいいのである。

ワザを盗む観点と、トレーニングメニューを組み立てる観点が合わさると、上達が早い。

メリット3　課題を発見する

小学生の頃は、すべての授業が終わったあと、ノートを書く時間が設定されていた。その日あったこと、感じたことを振り返って書き、先生に提出する。

本当であれば、会社も学校のように終業後ノートを提出させるのがいい。子どもみたいに感じられるかもしれないが、毎日反省ノートを書くのは絶対に効果がある。

ミスを減らすには、自覚化して、ミスしないほうへ習慣をずらす必要がある。そのためには、自分で原因と対処法を客観的に書くのが一番だ。なにも人格的な反省を書けというのではない。仕事は、日々修正してステップアップしていくものだと考えれば、特に負担ではないだろう。

反省ノートを書く時間として、とりあえず5分だけとってみる。通常業務をその時間分減らしてでも、ノートづくりをしたほうが効果がある。

たとえば、ある社員の電話のとり方がおかしいとしよう。周囲はみんな「おかしい」と思っている。しかし、なんとなく誰も注意しない。こういったことはよくある。

反省する時間が設けられていれば、業務の一環として注意しやすくなる。その社員が、反省ノートに書くことが自分で思いつかないとき、「何かありませんかね」と周囲に聞くかもしれない。そうしたら、「電話のとり方は、こうしたほうがいいよ」と言える。

「あのときの電話は、お客様に対してタメ口になってたよね」

「えっ、タメ口でしたか」

自分では気づかなかったことも、指摘してもらうことができる。これなら個人攻撃にとられることもない。反省は、必ずしも心を痛める必要はない。悔い改めることではなく、リフレクションと思えばいい。

日本人はとかく、「言わないでおこう」とする。隣の電話のとり方に周囲が迷惑していようとも、「言わないでおこう」「なんでわからないのかなぁ。早く察してほしいものだ」と思いながら、そのままにしている。こういう時間の積み重ね自体がムダである。

1960年代頃から日本製品の品質が格段に向上したのには、QC活動が大きく貢献している。製造業の現場で、不良品ゼロを目指し、グループをつくって積極的に話し合う。人に指図されるのではなく、自主的に話し合う時間をとったのがポイントである。自分たちで失敗の事実と原因を指摘し、ミスを減らしていった。

こういったディスカッションの時間が、通常の業務の中にあってもいいのではないか。

問題を整理して、各人がノートに書いていく。そうすると、全体の課題と各人の課題がハッキリする。

そもそも人は、課題が見えていることに関しては、あまりイヤにならない。一番イヤなのは、「なんとなく、自分は能力が低いように思われているのではないか」「あの人とはやりとりがうまくいっていない気がする」というようなモヤモヤ感だ。

「これをこうすればいいんだ」とわかれば、その課題を紙に書いて、貼りだしておくなりすればいい。「今日は電話のとり方」ということで、電話の横に貼っておく。

課題に向けて頑張っている人に対しては、周囲も温かい目で見守ることができる。人が厳しくなるのは、ミスしたからではなく、ミスが修正されそうにないからだ。多少、鈍くさくても「ああ、向上の芽があるな」と思えば上司の心証もよくなる。

メリット4　他人とのコミュニケーションがうまくなる

ミス自体は起こっても仕方ない。失敗があるからこそ、それをきっかけにして、成長に向かって加速していけるとも言える。失敗があれば、できるだけ小さな損害でおさえ、次につなげることが重要である。

ところが、仕事の中では「なぜ、こんな大ごとに」というくらい、小さなミスも悪化していることがよくある。悪化は、コミュニケーションの拒否から始まる。現在の状態を正直に言わず、情報を公開しないことが原因だ。

他人に心を開けないと、小さな問題も大きくしてしまう可能性がある。確かに、自分の問題点を人にさらすのはつらい。今の20代の人は、特に苦手としているところだろう。学生を見ていても、他人に弱点を指摘されることに慣れていないと感じる。メンタルが耐えられなくなってしまう人が増えている。自分の弱点が指摘されるのに弱いから、ますます人に対しても「言わないでおこう」とする。


私は大学の授業で、4人一組で批評し合うということをやってもらう。1人が発表し、それに対して3人がそれぞれ「声が小さかった」「目の配り方がよくなかった」など、指摘するのである。最初は皆言いづらそうにしている。指摘されたほうは、人格攻撃だと勘違いして傷つくこともある。しかし、次第に慣れてくる。お互いに悪気があって言っているのではなく、事実を指摘してあげようと思っているというのがわかってくる。そして、急速に成長する。

問題点の指摘をノートでやると、もっと受け入れやすくなる。書き言葉は、客観性を持つから、自分が言われているのではなく、課題が出されている、と感じることができる。

ノートを介在させることで、他人の言葉を受け入れることができるようになる。人に心を開くことができれば、問題の悪化を防げるだけでなく、自分を成長させることができる。

なぜか他人に心を開けるようになる

学生が教育実習に行くと、毎日、自分の反省点をノートに書き、指導の先生にコメントをもらう。これを繰り返す。反省点とコメントのやりとりが通信になっている。たった2〜3週間程度だが、この間の成長はものすごい。別人のようになって帰ってくる。

教壇に立つという経験も大きいが、ノートがあることの効果は大きい。毎日自分の問題点を指摘し、それに対するアドバイスをもらい、翌日に活かす、ということをしている。毎日ステップアップしている感覚がある。この「実習ノート」は宝になる。

他人に心を開く器をつくることができるのも、ノートの大きな利点である。

メリット5　時間を有効活用できるようになる

現代人は忙しいから、時間管理術も関心の高いテーマだ。時間は、唯一すべての人に平等に与えられている資産である。一日の時間を増やすことは無理だが、密度を高めることはできる。ぼんやりと流してしまっている時間を、うまく使うことはできる。時間を有効に使うかどうかで、大きな差がつく。

時間の有効的な使い方とノートは相性がいい。

5分とか10分とか、ちょっとした時間が空くときがある。この隙間時間をどうするか。多くの人は、ケータイをいじっている。友だちとコミュニケーションをとるのも、もちろんいいことだ。しかし、時間の有効利用という観点から言うと、それも空いた時間の質による。

たとえば、家でお風呂上がりに時間が空いたといって、なかなか仕事に関することをする気にはならない。そういうときは、コミュニケーションに使うのがいいだろう。しかし、夕方のふとした瞬間、あるいは家に帰ってからでもまだ仕事モードが残っているときは、その余熱を使いたい。仕事モードを無視して、まったく関係ないことをすると、せっかくの余熱がもったいない。

何かに集中したときというのは、しばらく余熱が残っている。このときの熱を利用して、少しでも進めるのが、「余熱調理仕事術」である。今日気づいたちょっとしたことを、ノートに書きとめておけば、少しずつ前に進むことができる。しかし一回冷ましてしまうと、記憶はどんどん薄れていく。思い出して書こうとすると、エネルギーが倍以上かかってしまう。

仕事のあと、余熱のあるうちに、ほんの10分でもいいからノートに向き合う時間をつくる。気づいたときにノートを書くというのも大切だが、とりあえず何はなくともノートを開く。そういうクセが身につけば、ノートを目の前にすれば、整理しようという気になる。

メリット6　目標を達成できるようになる

目標は細かく設定することが大切だ。今日の目標、1週間の目標、1カ月の目標、1年間の目標……。必ずしもすべて達成しなくてもいい。その場その場で、目標を更新していけばいい。

目標は立てること自体が重要だ。課題が明確になり、自分がどのくらい成長できたのかがわかる。モチベーションにつながる。

目標を設定したら、達成するための方法をリストアップしてみる。

たとえば、いわゆる一般職の人が「毎日5時に帰る」という目標を立てたとする。まぁそれが目標としていいかどうかという問題はあるかもしれないが、人生のプライオリティを考えたときには、早く仕事を終えて趣味の時間を充実させることだっていいし、仕事を2つかけもちして、夢に向かうということかもしれない。

そこで、目標を達成するために「悪く思われずに、早く帰る方法」をノートに書いていく。終業1時間前になったら、周囲の人に「今日中にやるべき仕事は何かありませんか」と聞いて回る、というのがその一つに挙げられる。「これお願い」と言われたら、1時間で終えるようにする。

仕事をきちんとやっている人には文句は言えない。さわやかに「お先に失礼します」と言って退社すればいい。今の時代、残業は善とされていないから追い風である。経営側の立場から言えば、人件費が一番高いのだから、時間内に仕事を終わらせてくれる人のほうが助かる。

余談だが、私は夜中の2時とか3時まで仕事をしていることが多い。出版社やテレビ局

目標を達成するために
やるべきことをリストアップする!

今週の目標　○月△日

毎日5時に会社を出る!

5 時に会社を出るための to do リスト

- □ 午前中に仕事の 8 割を終える
- □ 午後3時までに残りの2割を終える
- □ 取引先への連絡は午後一番にする
- □ 午後3時を過ぎたら手伝う仕事がないか聞いて回る
- □ 5時5分前になったら帰り支度をする

は、平気で25時、26時終わりのスケジュールを組んでいる。

本をガンガン出しているときは、その打ち合わせが夜12時からというのも結構あった。その習性がついてしまったために、「仕事が夕方5時に終わったら、余裕でもう一つ仕事ができるな」と思ったこともあった。

今はさすがにそんなことはしないが、私の場合、仕事がなかった頃のメンタリティーが、そうさせる部分がある。仕事が来なくなるのは怖いので、断れないのだ。

会社勤めで、定期的にお金がもらえるというのは、どんなにありがたいことか、雇用する立場になってみるとわかる。人を雇うということは、それだけ純利益が減ることだ。給料の3倍から5倍くらい売り上げが増えて、ようやくその人1人分の給料が支払える。

最近は、会社をすぐに辞めてしまう人が多いが、所属してちゃんとやっていれば給料がもらえるというのはすごいことなのだ。そういう席を確保するためにも、仕事を効率的にこなす能力を、ノートで身につけてもらいたい。

目標を立てたら、それを達成する方法、コツをノートに整理する。そうすれば、自然と居場所が確保できる。

第三章

頭と心がスッキリする齋藤式ノート術全公開

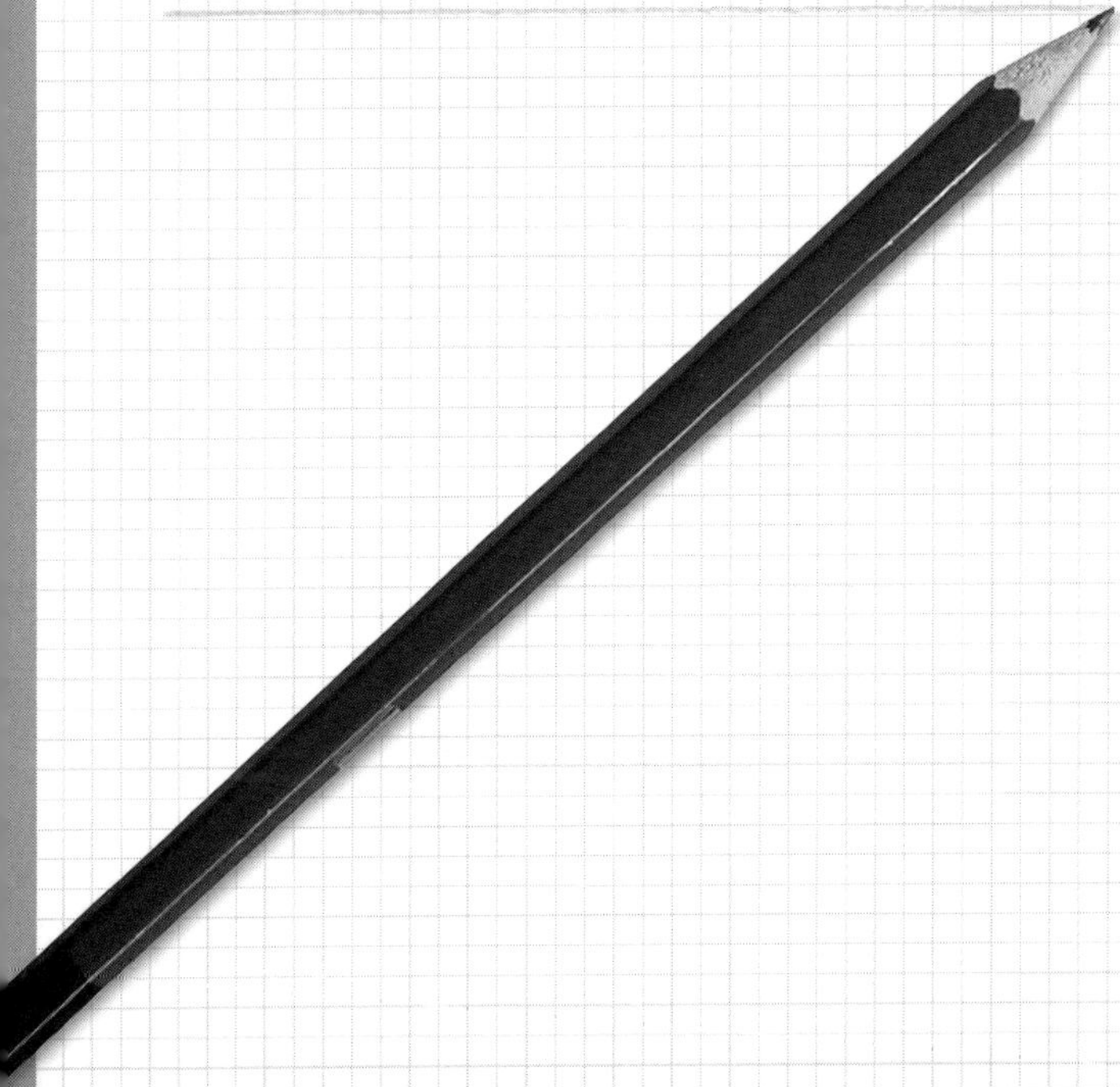

齋藤式ノート術10のメソッド

この章では、ノートを習慣にする方法や、ノートをとる技術について紹介していく。大人になってからノートをとらなくなった、という人は、まずはノートをとる習慣を身につけてほしい。それだけでも、知的生産性が格段に上がる。さらに「ノートをとる技術」を磨いていけば、「これほど便利なツールはない」「ノートなしではいられない」と実感するだろう。

齋藤式ノート術には、次の10個のコツがある。

1 いつもノートをカバンに入れておく
2 自分にフィットするノートを見つける
3 ノートに名前をつける
4 ページにタイトルをつける
5 三色ボールペンを使う
6 図を描く

7　ポイントを3つにまとめる
8　日付を入れる
9　ノートは1冊にする
10　本をノート化する

メソッド1　いつもノートをカバンに入れておく

第一章でも述べたように、ノートは考える推進力になる。まずは、ノートを持ち歩こう。ただ「考える」と言っても、なかなか考えることができない。頭の中だけでぼんやりと考えごとをしているだけでは、生産的なことに結びつきにくい。アイデアが文字になれば、それを見てまた思考を発展させられる。

考えるべき問題がない状態は一番レベルが低い状態だが、何かしら考えるべき問題を認識していれば、レベルが上がる。今自分が考えるべき問題は何なのか、自覚的にとらえるようにすることがまずは第一歩だ。

ノートをカバンに入れると、カバンを開けるたびにノートが目につく。これが、課題認識につながり、ときどきは考えを書きつけるようになる。そして、「考えることは書くことなんだ」という感覚が身についていく。

女性は小さいカバンを持つ人が多いから、「ノートは入らない」という人もいるかもしれない。そういう人でも手帳は持っていると思う。もちろん、手帳でも代用ができる。とはいえ、手帳はフリースペースが小さいから、できれば小さなノートのほうがいい。ノートの開放的な感じが、積極性や攻撃性を生む。

スペースが狭いと、思考にも制限がかかりがちだ。せめてA5サイズは欲しいと思う。

メソッド2　自分にフィットするノートを見つける

お気に入りのノートを見つけると、ノートを書くことが習慣化しやすい。

普通のシンプルなノートもいいが、特に自分の気に入ったノートを持ち歩くと、書きたいという気持ちがムズムズしてくる。喫茶店でノートを開こうかな、という気も起こる。気分よくノートを開くことができる、というのは軽視できない。

文房具屋に行くと、いろいろなノートがある。先日私が手に入れたのは、モーツァルトの楽譜が刷り込んであるハードカバーのノートだ。あまりに綺麗なので、自分の汚い字をそこに書くのはちょっと勇気がいる。私の場合はもったいなくてなかなか使えないが、編集者の中には、そういった綺麗なノートを使っている人もいる。雰囲気がいいなぁと思って見ている。

ヨーロッパに旅行に行ったときに、デザインの気に入ったノートを買ってきて使っている人もいる。自分へのお土産がノートというのは、いいのではないだろうか。ノートだけでなく、個性的なペンも、つい持ちたくなる。

上質なノート・手帳を持ち歩くのもいい。

エルメスの手帳は、カバーの革だけでなくて中の紙も高いが、その手帳を持ち歩くことによって「せっかく高いお金を払っているんだから使いきろう」「重たい手帳を持ち歩いているんだから、心くらいは軽くしないと」という気持ちにもなる。そういった高級な手帳を喫茶店で開いていたりすると、ちょっとセレブ気分が味わえて、メモしている姿を見せたくなったりする。

ノートの中味は、「みんな死んじゃえと思うときリスト」など、どうしようもないことを書いていたとしても、気分よく書くことができて、心が軽くなればいい（中身をのぞき込まれないように気をつける必要があるが）。

喫茶店でノートを開く習慣をつける

喫茶店とノートは相性がいい。コーヒー代を支払うから、モトをとらなきゃという意識も働いて、勢いがつく。

喫茶店には30分くらい寄れるのが理想だ。15分だと忙しい。コーヒーもパッと飲まなくてはいけない。私は15分しか時間がないときでも、喫茶店に行ってノートを広げるが、そういうときは安めのところに行けばいい。いずれにしても、書くことが面倒に感じてしまう人は、喫茶店の力を借りるといい。

おすすめは、仕事が終わったら、そのまま喫茶店に寄って気づいたことや反省点、課題をメモすることだ。会社の中で反省タイムは設けられていないことがほとんどだから、自分一人でやるのである。家に帰ってリラックスしてからだと、仕事のメモをするのはエネルギーがいるが、仕事が終わってすぐなら余熱を使える。反省点や課題を書き、少しずつ工夫を積み上げていけば、必ず成長できる。

特に「今日はこれをメモしておこう」というものがなくても、喫茶店でノートを開けば何かしら書きたいことが出てくる。仕事のことでなくてもかまわない。プライベートで気になっていること、読んだ本の感想や、テレビで見た情報のメモなどでもいい。

一方、居酒屋とノートはあまり相性がよくないようだ。

以前、ビアガーデンでノートを広げてメモしていたら、「ほかのお客様に迷惑になるので」と注意されたことがある。友だちと話したことをメモにとっていただけなのに、いったいどんな迷惑をかけたというのだろうか。

確かに、酒の席にノートはあまり似つかわしくない。ワイワイ盛り上がっているテーブルの上に、ノートを広げると興ざめである。

ただ、目上の人の話を聞くときに、自分のひざの上にノートを置いて、メモするというのはいいと思う。メモをとってもらえると、話をしているほうは気分がいいものだ。

☑ メソッド3　ノートに名前をつける

ノートには、名前をつけよう。

「仕事ノート」ではそっけない。もう少し踏み込んで、課題を意識できるような名前、たとえば「段取りノート」とか「ワザを盗むノート」とか「出世したくなくても出世してしまうノート」とかである。

課題が認識できると同時に、なんだかワクワクしてこないだろうか。

『社長のノート』（かんき出版）は、長谷川和廣さんが27歳の頃から40年間にわたって書きためたノートから、仕事に役立つキーワードを抜き出して解説している本である。長谷川さんは、ノートに「OYATTO　NOTE（おやっとノート）」と名づけていた。仕事をしている中で「おやっ！」と思ったことを書きとめるノートだからだ。

本の中に実物の写真があるが、ノートの表紙に「OYATTO　NOTE」とタイプしたものを貼りつけている。こんなふうに、表紙にノートの名前を書いてしまうと、オリジナル感が出ていい。

名前をつけると、
ノートに書き込むのが楽しくなる!

ノートに名前をつけて、そのポイントで気づきをどんどん書きとめるようにすると、習慣化しやすい。もちろん、ノートの名前から逸脱しているように思えることを書いてもいいし、こだわる必要はない。

メソッド4　ページにタイトルをつける

ノートはページの上部に大きめのスペースがあることが多い。そこに、そのページで考えたいテーマを書く。ページにタイトルをつけると、書くべきことが見つかるようになる。

かつて「ＮＨＫスペシャル」を見ていたら、王貞治さんが現役時代から書いていたノートが初めて公開されていた。バッティングのコツなどについて書いているのだが、「世界の王」が書いているだけに精度が違う。非常に充実したノートだった。

王さんは、ページの一番上に「ワキのしめ方」「バックスウィング」「スウィングの速さとしぼり」というタイトルをつけている。そして、その下に注意点、気づいたことをメモしている。「ワキのしめ方」という、普通は一つの項目として書けないようなことでも、1ページ使って書いていた。

タイトルをつけ、課題として認識することで、書ける。項目を立てること自体が、問題を明確化していることになる。ノートのよさは、問題が明確化できることだ。それが考える推進力となる。

技術面とメンタル面の両方を書く

仕事における成長を目指す場合、技術面だけでなくメンタル面も大切である。1冊のノートに、技術面とメンタル面のことが共存していると、客観視と自己肯定を両輪で回すということになる。

王さんのノートには、「この問題を解決するまで、必ずやりぬく。なぜなら、それが王貞治なのだ」といったことが書いてある。「なぜなら、それが王貞治なのだ」は自己肯定である。この自己肯定が、エネルギー源になる。

ほかにも「気」というタイトルで、打席に入るときのメンタル面のことも書いている。たとえば、「過去のことは忘れてボックスに立つ」「ボックスにおいては自分が世界一だと思うこと」「打てるのが当然だと思うこと」。

同じくプロサッカー選手の中村俊輔さんのノートも、心の面と技術の面が書いてある。「対戦相手にありがとうと言えるように」とか、「自分が海外に行くんだ」といった言葉を書き連ねている。

完全に技術的なマニュアルノートをつくることも、会社においてはあるだろうが、「生きることを支えるノート」という意味では、ぜひ、心の面も書いてほしい。

メソッド5　三色ボールペンを使う

アインシュタインは「あなたの研究室はどこですか？」と聞かれて、自分の万年筆を持ち上げて見せたというエピソードがある。

私にとっては、三色ボールペンがアインシュタインの万年筆にあたる。考えることと三色ボールペンはセットなのだ。

ほかの著書でも繰り返し書いているが、三色ボールペンの三色には次のような意味がある。

赤……すごく重要なこと

青……まぁ重要なこと

緑……個人的に面白いと感じた部分

3つに分けるのは、人間の脳に最も適した分類方法だ。あまり多くに分類すると、複雑になって収拾がつかない。さらに、3つの「色」を使うことで、記憶に定着しやすくなる。色の持つインパクトは大きい。

本や会議に必要な資料を読むときは、三色ボールペンを片手に、線をひっぱったり、丸や四角で囲んだりしながら読む。

本の要点や資料の主旨と思われる部分に赤の線をひく。最初のうちは、青の線ばかりになりがちだが、あまり気にせずにひけばよい。あとから青の線に戻って、さらに赤の線をひくこともある。三色ボールペンを使うと、頭に入りやすく、効率もよくなる。

同じように、ノートにも三色ボールペンを使う。講演など、人の話を聞いてノートをとる際には、重要な情報を赤、まぁ重要な情報を青で書き、質問・コメント・感想は緑で書く。

手帳に応用すれば、最重要な用事は赤で、まぁ忘れてはいけない用事は青で、趣味や遊びなどプライベートの予定は緑で書くことにする。

メソッド6　図を描く

ノートには文字だけでなく図を描くといい。

仕事の流れを図にしたり、課題をフローチャートのようにしたりすると、問題や自分の課題がわかりやすくなる。

今抱えている悩みも、つらつらと文字にしてもいいが、フローチャートをつくると解決法がクリアになってくる。

たとえば、会社を辞めたくなったときもモヤモヤ考えているよりも、ノートに自分の心境を吐き出すと、本当の気持ちや自分がとるべき行動が見えてくるようになる。

「会社を辞めたい」→A辞める、B続ける、とあって、「辞める」の先にさらに、A転職する、B実家に帰って考える、C起業する、「続ける」の先には、A会社を好きになる方法を探す、B辞めたい原因を探る、Cこんなもんだとあきらめる……などというふうに図にしていく。

このようにゲーム感覚で、課題を冷静に見つめることができる。

フローチャートにすると課題が見えやすくなる

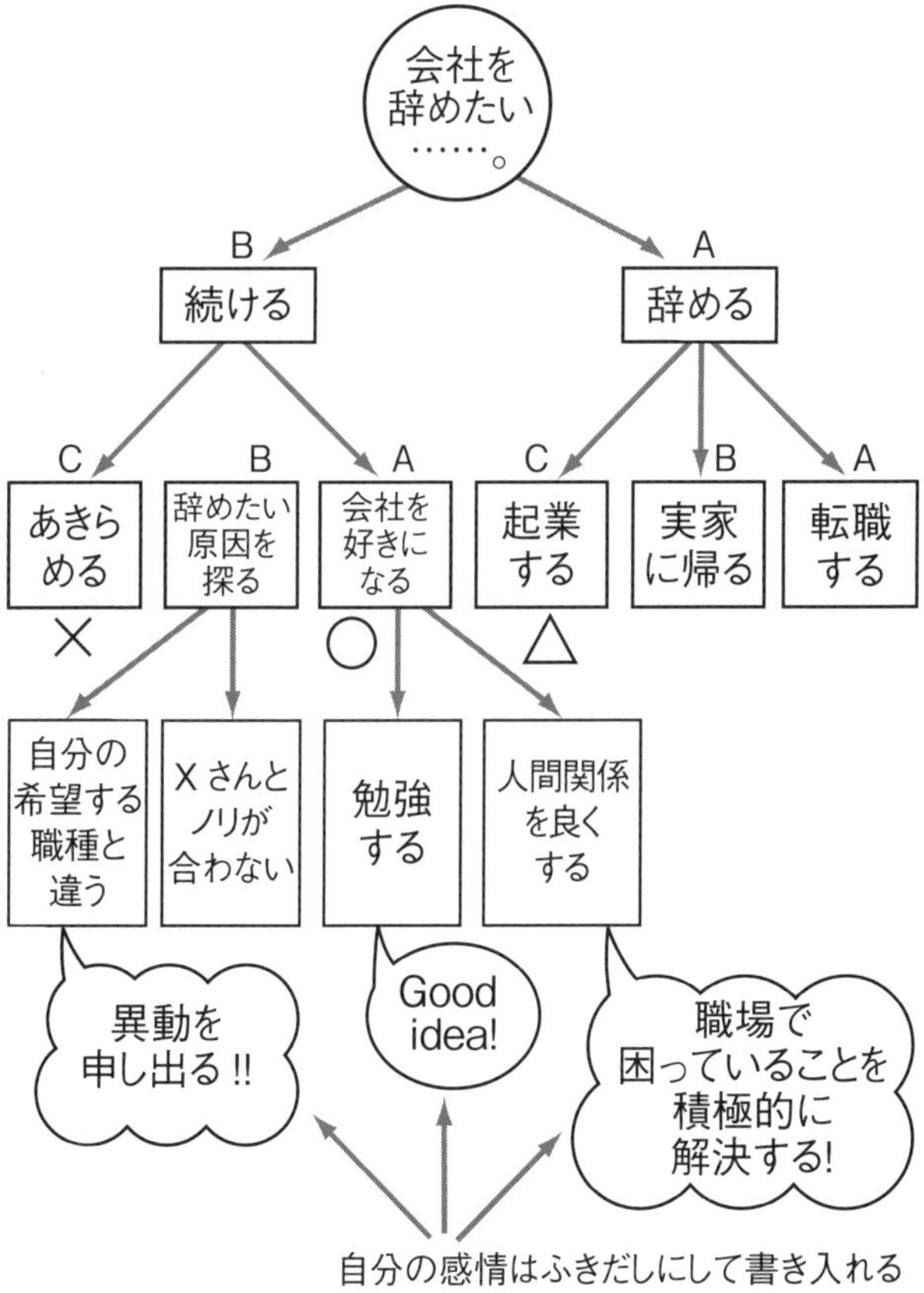

図は記憶に残りやすいという意味で言うと、質問・コメント・感想をふきだしにして書くと、面白い。話を聞いて思い浮かんだイメージをイラストにしてもいいが、単純な丸と線だけでも頭に残る。

話を整理して理解するのには、マトリックス図やベン図が使い勝手がいい。私がよく書くマトリックス図は、縦線と横線を一本ずつひいた座標軸だ。対立要素を入れるとごちゃごちゃしていた思考がクリアになる。

ベン図は、集合の範囲や複数の集合同士の関係を表現するものだ。Aの集合とBの集合はどのような関係にあるのか？どちらかが含まれるのか、部分的に一致するのか、かけはなれているのか？どちらも単純な図だが、話の構造がスッキリして、理解が深まる。私は本を読みながら余白にこういった図を描いている。

川のフォーマット

何かエピソードを聞いたり読んだりしたとき、それを自分のものにするのには「川のフ

マトリックス図で思考をクリアにする!

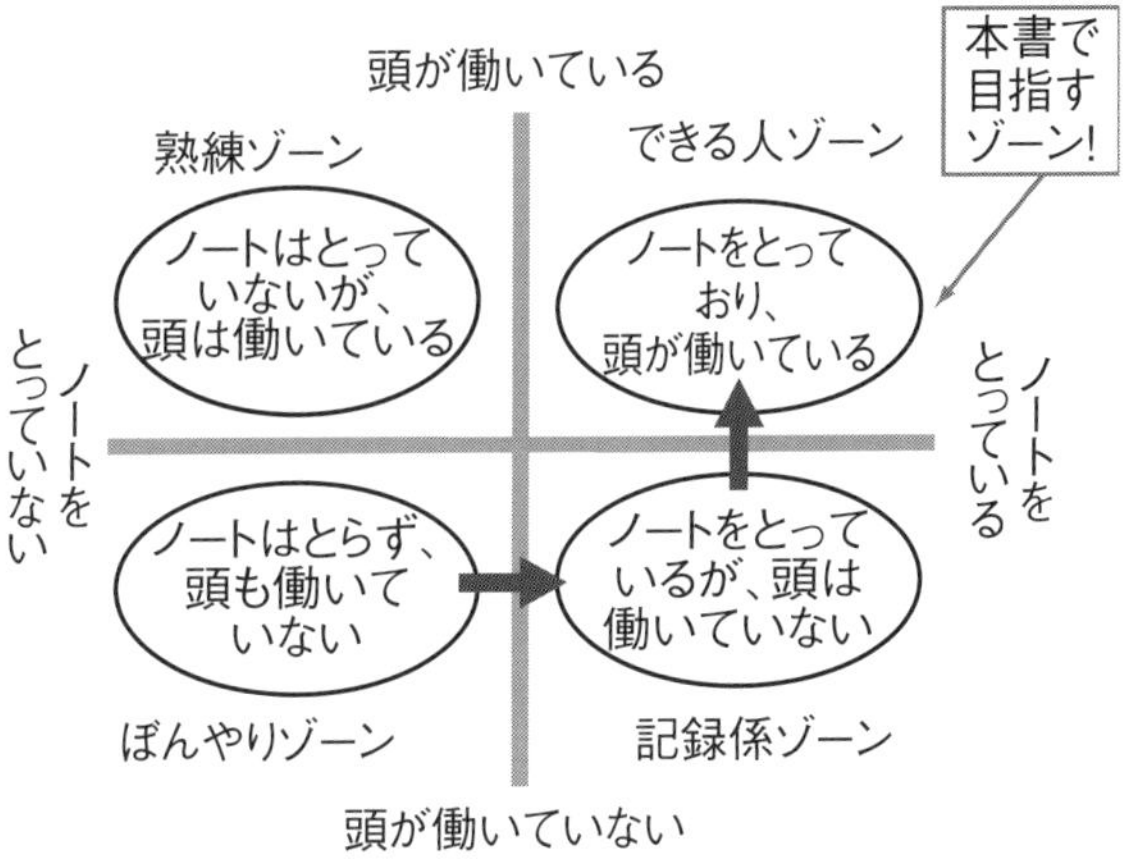

ベン図で関係をハッキリさせる

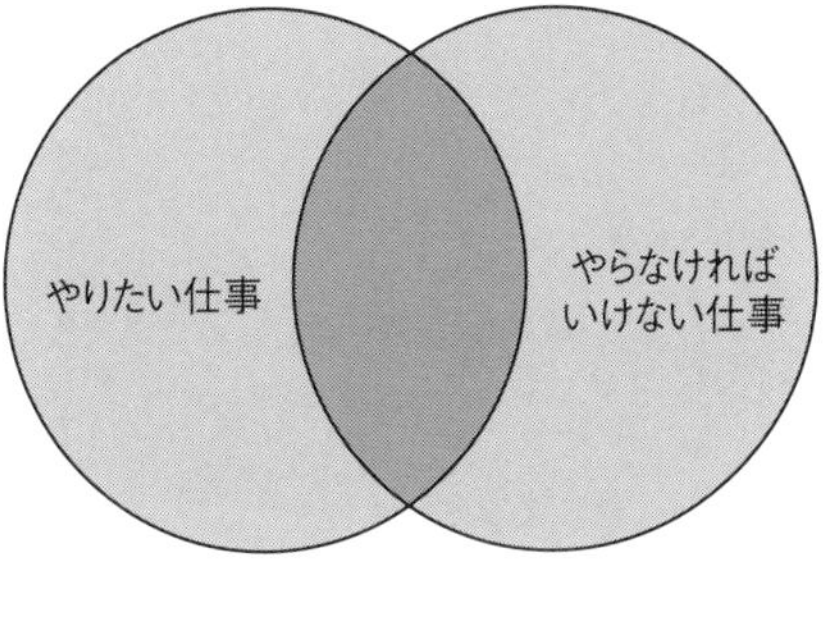

ォーマット」が役に立つ。

川に見立てた2本の横線をひき、こちらから向こう岸までの間に3つの踏み石を置くようなイメージで、三段論法にする。踏み石をポンポンと踏んで、向こう岸に渡れることをイメージして、踏み石の中に言葉を書く。単に箇条書きにするより、図化するほうがポイントがつかみやすい。

話を自分の中に定着させるには、「人に話すとしたら、どのように話すか」を考えることである。


たとえば、以前著した『眼力』（三笠書房）の中でも紹介したが、豪傑なイメージのある勝海舟の「粘り強さ」の話をするとしよう。

海舟は、『氷川清話』の中で「世間に始終ありがちの困難が、一々頭脳《あたま》にこたえるようでは、とても大事業はできない」「そう一所懸命になっては、とても根気が続かん。世路の険悪観来たって、坦々たる大道のごとくなる、練磨と余裕とが肝要だ」と根気の大切さを説いている。

実際、海舟の粘り強さはすさまじかった。

海舟がオランダ語をものにしたときのエピソードに、蘭和辞書『ヅーフ・ハルマ』58巻を2部書き写したというものがある。貧乏だった海舟は、その辞書を買うことができず、たまたま秘蔵していた蘭医に損料を払って1年間借りることにした。半年ですべて筆写してしまったが、10両の損料を支払う金もなかったため、それを売って金をつくり、もう半年かかって自分用のものを筆写した。

辞書を丸ごと、しかも2部も書き写すという気の遠くなる作業もたんたんとやってのけるような人だった。

これを川のフォーマットにしてみる。

まず「なぜ勝は大事業をなしとげられたのか？」という問いを出発点とする。次に3つのステップを考える。

1　勝海舟は歴史的に派手な活躍をしたが、若い頃は禅と剣の地味な修行をしていた
2　58巻もある蘭和辞書を、1年で2部もまるまる書き写したエピソードがある
3　勝海舟は大事業をなすには粘り強くあることが大切だという考えを生涯を通じて持っていた

話し手と聞き手の間には、知識の断絶がある。その超えられない断絶をイメージしたのが、川だ。

聞き手がメッセージを受け取るには、川を渡る必要がある。そこで、話し手は踏み石を置く。まったくの地続きでは面白くなく、かといって石が少ないと途中で流されてしまう。3つの踏み石を踏んで、川を渡ることができると、聞き手は充実感を持てる。「いい話を聞けた」と思える。

実際、人に話をするときは、この川の図を思い出せばよい。わかりやすい話ができるだろう。

☑ メソッド7　ポイントを3つにまとめる

仕事の中でスムーズな意思疎通をはかるには、要約力が必要になる。伝言、指示、依頼など、何か言われたときにそれをきちんと行えるかどうか。「これはできているけど、これはできてない！」「いつも必ず抜けがある」という場合、要約力が足りないのだ。

「なんで言ったことと違うことをやっているの！」というトラブルの原因は、これだ。多くの人は、話を全部覚えようとするから、あぶはち取らずになる。肝心なことも聞き逃し

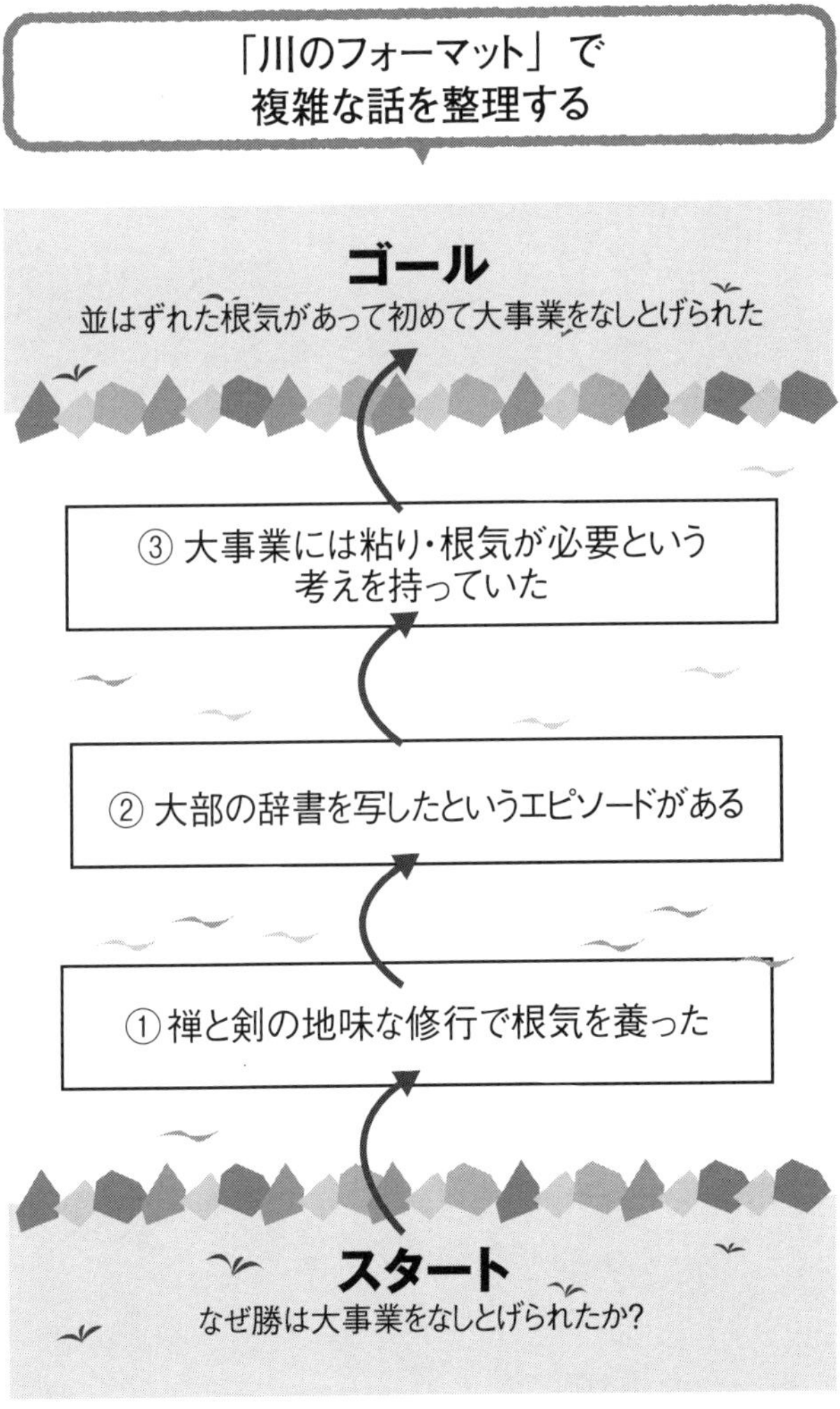
「川のフォーマット」で
複雑な話を整理する
ゴール
並はずれた根気があって初めて大事業をなしとげられた
③ 大事業には粘り・根気が必要という
考えを持っていた
② 大部の辞書を写したというエピソードがある
① 禅と剣の地味な修行で根気を養った
スタート
なぜ勝は大事業をなしとげられたか？

て、何を言われたか覚えることができないのだ。

要約のコツは、ポイントを3つにしぼることだ。4つ以上になると、どこかが漏れる可能性が高くなる。5つにすると全部抜け落ちてしまうかもしれない。

これは伝える側も同様で、大切なことを3つにしぼって伝えれば、ほぼ確実に伝わる。「これとこれとこれだからね、ハイ、言ってみて」と3点を再生させてみると、定着する。

要点を押さえるというのは、テストで言えば得点になる部分を押さえるということだ。些末な部分を覚えていても、得点にはカウントされない。答えてほしい点をきちんと押さえると、点数が上がる。

単純に「覚える」という意識でいるより、「頭にノートする」という意識になると、急激に点数は上がる。どんな話にも、「すごく重要な骨格」と、「まぁ重要な情報」と「面白いと思うポイント」がある。この3点を見つけて、再生するように習慣づければいいのである。大事な情報ほど3つにまとめると、相手にもきちんと伝えることができる。

3つに要約する技術

頭をノート化するのは少しレベルが高いとすれば、まずは実際のノートで練習をしておくことだ。

「ノートにはポイント3つ」と思ってトレーニングする。普通にノートを書いたら、最後に、①②③と番号を加える。金銀銅みたいなものだ。三色ボールペン方式だと、重要な①が赤で、まぁ重要な②が青で、面白い③が緑になる。

最後に番号をふる場合は、ノートの中では2、3、1という順番になるかもしれないし、3、1、2かもしれないし、メモをとっている時点ではわからない。「これは大事そうだな」と当たりをつけながらメモをしておき、あとから金メダルをあげればよい。

要約力を鍛えるのと、頭をノート化するのは連動している。頭をノート化するには、ノートに書いたことに、①②③と番号を加える習慣をつければ、ワザとして身につきやすい。「ノートにはポイント3つ」を合言葉に、ぜひワザにしてもらいたい。

メソッド8　日付を入れる

私はメモには必ず日付を入れるようにしている。

ゲーテは、詩の下に日付を入れていたが、それは、日付を入れることで同時に心の状態の日記として役立つからだという。

メモに日付を入れておくと、それはそのまま自分の生きた記録になっていく。ふと見返したときに、自分の心の変化や成長がわかって、おもしろい体験になる。変化・成長がわかるというのは、モチベーションアップにも役立つ。

誰かと話していて思いついたアイデアなら、その人の名前もメモしておく。会議中に、議題とまったく関係ないアイデアがひらめいたときも、会議の名前や場所、アイデアのヒントとなった発言者の名前を書いておく。

ノートにはだいたい日付を書く欄があるから、メモをはじめる前にまず日付を書いてしまう。そのページにあとからメモを追加するときには、そのメモの横に小さく日付も入れておくとさらにいいだろう。

思考のプロセスをたどることができると、アイデアにリアリティが増してくるし、そのアイデアを活用しやすくなる。

メソッド9　ノートは1冊にする

本書では、さまざまなノートについて解説しているが、「企画ノート」はこっち、「段取りノート」はあっちというふうにノートを分けるのではなく、最終的には組み合わせて1つのノートにするのがいい。

私はこれまでに、一般の人より相当多くのノートを使い、試行錯誤してきた。その結果、1冊のノートを持ち歩くのが一番いいという結論が出た。

情報をカードに書いて分類したり、ルーズリーフに書いて整理したりということもやったが、なにしろ分類・整理が面倒くさい。それに、バラバラの紙だと散逸してしまう。テーマごとのノートをつくり、情報を分けて書く方法も私には合わなかった。同時にいくつものテーマを並行して追いかけていると、何十冊ものノートを持ち歩かなくてはいけなくなってしまう。

今は、持ち歩くノートは1冊に決め、そこに何でも書いている。繰り返しになるが、仕事は仕事ノート、プライベートは日記、というように分ける必要はない。どちらも1冊のノートに書けばいい。あらゆる要素を盛り込んで、総合的な自分のスタイルをつくり上げればいいのである。

もちろん、企画を仕事にしていて、「企画ノート」は1冊にしたいという場合もあるだろう。それなら、企画ノートとそれ以外のノートの2冊にすればいい。

結局は、自分がやりやすい方法が一番いいということになる。ただ、ノートや手帳に固定観念がありすぎる人が多いので、それがもったいない。

手帳はスケジュールを書くものだと思っている人は、1年経ってもたいして書き込みをせず、ほとんど使っていない場合も多い。せっかく持ち歩いているのだから、手帳をノート化して、アイデアをどんどんメモするようにすればいい。

メソッド10　本をノート化する

本を読んでいて、インスパイアされたら、それをノートに書き写そうとするかもしれない。本の中にある文章をそのまま、あるいは要約をノートに書く。そして、リンクする経

どんどん書き込んで、本をノートにする!

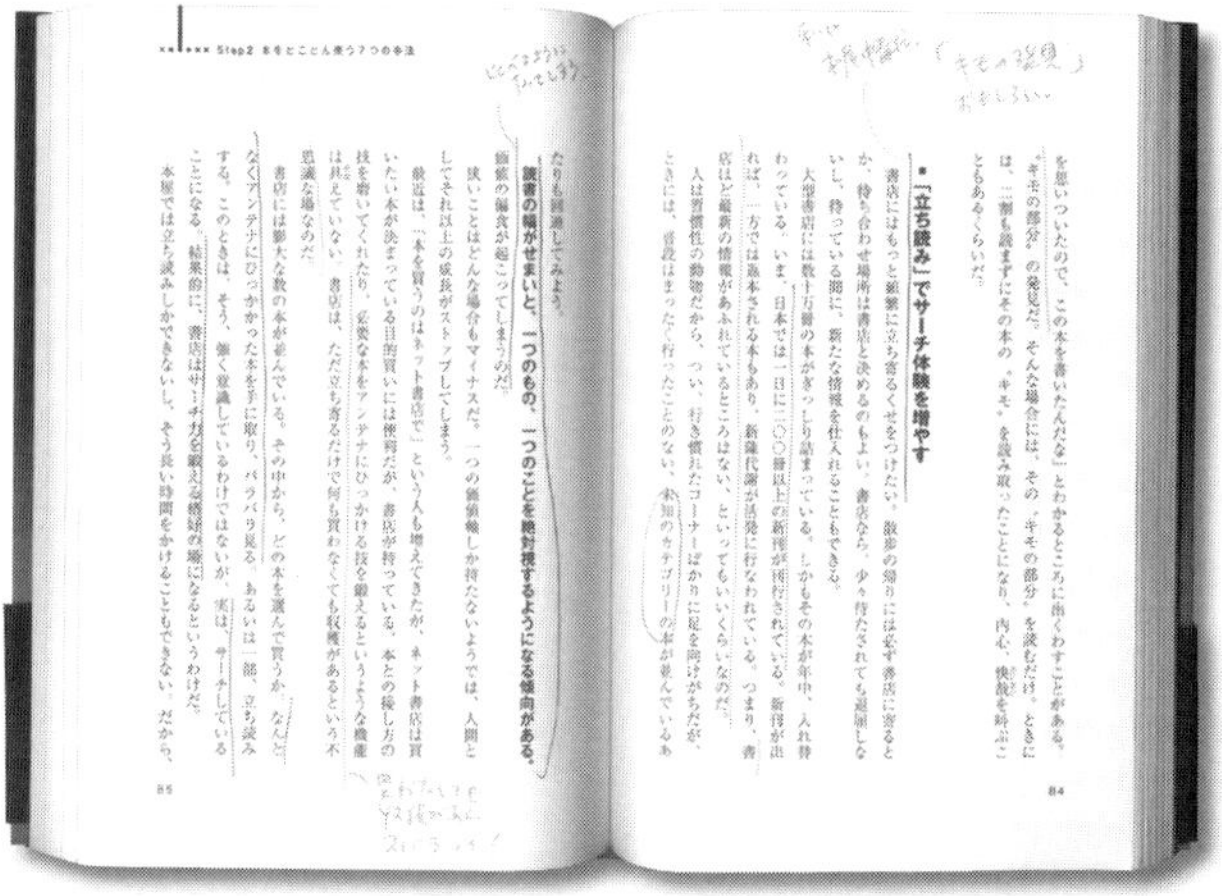

験や思いついたアイデアを加える。
　しかし、これはけっこう大変な作業だし、面倒くさい。あとで書き写そうと思いながら、結局何もしないことも多いのではないか。

　私も学生時代は、本の内容をまとめるノートをつくっていたことがある。これはイマイチ生産性が上がらなかった。文章を一生懸命書き写すことにエネルギーを使い、「ノートづくり」という作業になってしまった。
　それでは、本自体をノートにしてしまえば、どうだろうと、考えて、本をノートにしてしまった。本は「字が書いてあるノート」だと思うことにしたのだ。読書ノートで大事なのは、要約と、自分のインスピレーションを書くことだ。

いいと思ったところはページを折る。まぁまぁいいと思ったら、ページの下の角を折り、すごくいいと思ったら上の角も折る。

さらに、三色ボールペンを使い、重要なところは赤、まぁ重要なところは青、面白いと思うところを緑で線をひく。特にひっかかる部分は、囲ったり、ぐるぐると印をつけたりする。そして、自分のコメントを緑で書き込む。

自分のコメントは、該当箇所に矢印を引っ張って書く。あるいは、ふきだしを書いて、その中にコメントを書く。お笑い芸人のように、ツッコミを入れるという感覚でいると、書きやすいかもしれない。

ふきだしにすると、頭に残りやすくなる。これは教科書を使って勉強しているときも同じで、ふきだしを書き込むことによって、自分にとって重要なところが際立つ。「これは忘れない！」とか「ｆａｎｔａｓｔｉｃ！」とか一言でもいいからコメントをつける。

余白には、図も描く。「川のフォーマット」を使って、本にあるエピソードを図化する。

こうして書き込みをしていくと、ノートと変わりないものができあがる。200ページの本なら、200ページのノートができたようなものだ。要約も自分のアイデアも、書いてある。そうして初めて本が「自分のものになった」という感覚がある。

線をひいたり書き込みをしていない本をペラペラめくってみると、かつて読んだことはあっても、自分のものになっていない感じがする。

手っ取り早いのは、本の一番初めにある空白のページに本のキーワードを書いておくやり方だ。ページ数も書いておく。

引用したい文を探しながら読み、そこに線をひき、そのページとキーワードを空白ページに書いておく。すると、それが「キーワードマップ」になる。私は書評の仕事ではこのやり方をやっている。

1冊の本を完全に自分のノートにした、という場合、その著者が考えそうなこともわかってくる。著者が自分にのりうつるような感じだ。

えらく時間がかかりそうだと思うかもしれないが、ノートづくりをするよりも速い。慣れればもっと速くなる。そして、情報の吸収率を考えれば、効率はものすごくいい。

空白スペースにキーワードを書きこんで、
本を自分のものにする

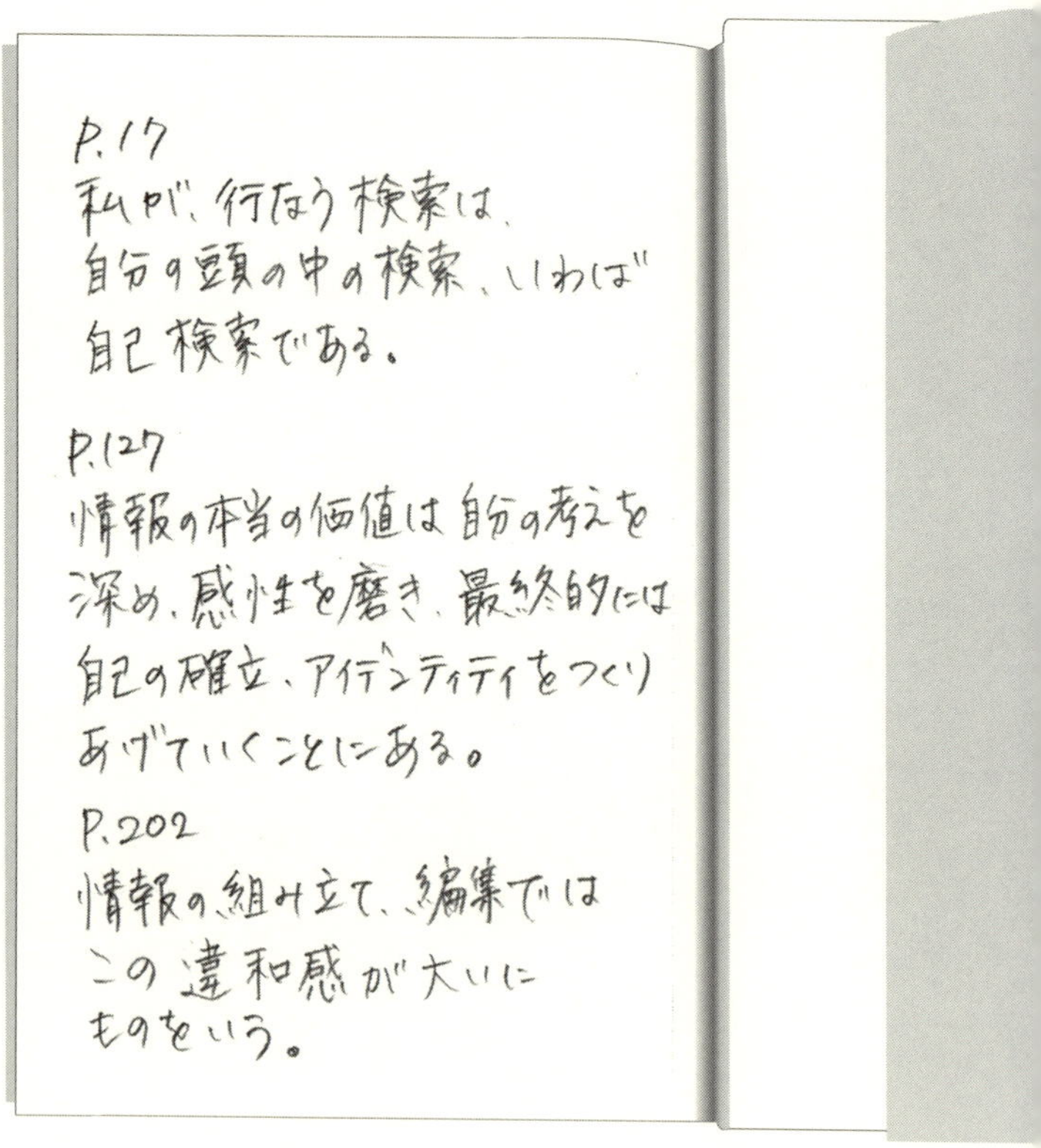
P.17
私が、行なう検索は、
自分の頭の中の検索、いわば
自己検索である。
P.127
情報の本当の価値は自分の考えを
深め、感性を磨き、最終的には
自己の確立、アイデンティティをつくり
あげていくことにある。
P.202
情報の組み立て、編集では
この違和感が大いに
ものをいう。

本をノート化すると、恐ろしい勢いで、自分の使えるノートが増える。

実践で使える！これが齋藤式ノート術

ノートの書き方は自由でいいが、実例を挙げてみよう。一人で喫茶店などで企画・構想を練っているという設定だ。

企画といっても、大げさなことでなくていい。ちょっとした仕事の効率化のアイデアでもいい。

ノートを開き、まず一番上にタイトルをつける。何の企画を考えるのか。まず課題を明確にすることが必要だ。

タイトルの横には、パッと思いついた「問い」を列挙しておくとよい。このとき、問いは＜＞でくくる、というルールを決めておく。三色の色分けもそうだが、視覚に訴える記号を使って書くと脳が活性化されるし、記憶に残りやすい。

そして、その企画の要素を箇条書きにしていく。「コンセプト」「対象」「ポイント」「キーワード」など、思いつくものを書いていくと、だんだん「これがこの企画のキモだな」

ノートに書いていくと、
企画が深掘りされていく!

メソッド8

2016.12.22

メソッド4

仕事の生産性を3倍に高める！

〈なぜやってもやっても仕事がなくならないのか？〉
〈仕事のやり方を変えると、できる人になれるのか？〉

コンセプト

・仕事を通じて自分自身を見つめる
・仕事のやり方を変えて、時間をつくる
・できる人になって、自分の価値を高める

メソッド7

ポイント

・目標を設定する
・生産性を高めるために必要な本を読む
・仕事の内容を理解するためにノートをとる

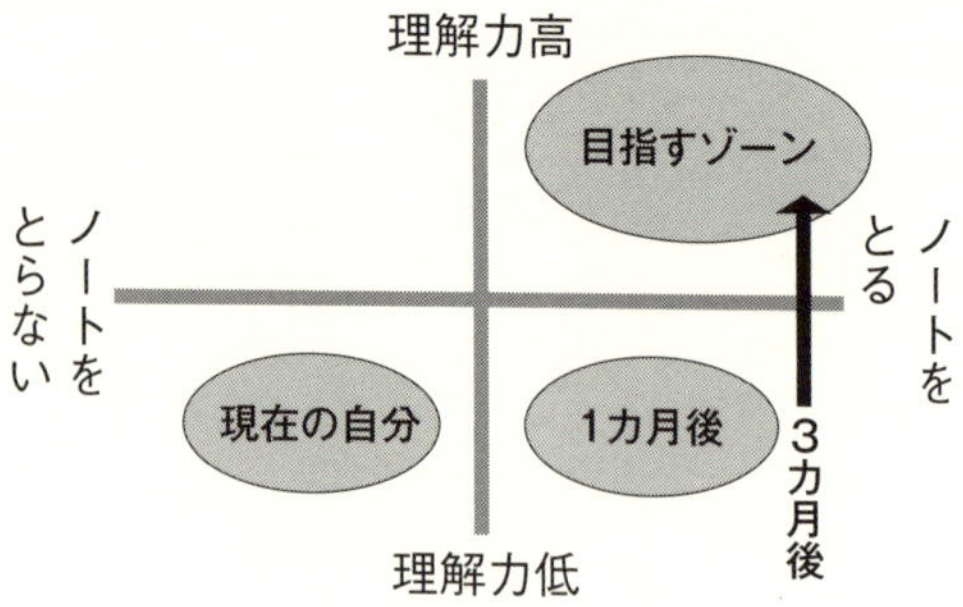

メソッド6

というのが見えてくる。それをすかさず図化したい。どのような図でもいいが、川のフォーマットのように、向こう岸へ進めるようにキーワードを置き石にしたり、縦軸と横軸を書いてマトリックス図にするのも私がよくやる方法である。マトリックス図を書くと、一番ダメなゾーンから理想的なゾーンへ移行するには何が必要なのか整理しやすくなる。

コンセプトが明確になったところで、プラスアルファについても考えてみる。この企画をよりよいものにするためには、何が必要だろうか？　箇条書きでも図でもいい。ノートのスペースを使って、縦横無尽にアイデアを走らせよう。

さらに、この企画を成功させるためにやるべきことを考える。段取りを書いていくのである。ここまで書けば、かなり頭がスッキリしている。やるべきことが明確になり、あとは実行すればいいだけだ。

ノートは書いた時点で8割の役割を終えている

思考用のノートは、学問や仕事という名の高い壁を登るためにかけたハシゴだ。登ったあとにはもう必要ない。ノートに書くこと自体が、心を強くし、頭をよくするから、私は基本的に自分のノートを見返すことは少ない。

書き終わったノートをどう使うかが重要なのだと考えている人もいるかもしれない。しかし、ノートは書いている時点で、その役割の6〜7割を終えている。私のノートで言うと、8割以上は終えている。

職業柄、膨大な量のノートを書いてきたが、正直なところ、見返す余裕もあまりなかった。別の課題がすぐに次から次へと襲いかかってくるから、次のノートへうつらなければならない。

それではどうやって内容を身につけるのかと言えば、客観情報に主観情報を交えるようにしてメモし、内容を2人くらいに話して聞かせていたのだ。

ノートを書いている時点で、自分の経験とリンクさせるようにして、情報を定着させているから記憶として定着しているし、アイデアが別のアイデアを生むというように連鎖反応が起きやすい。

第四章

仕事のスキルを上げるノートのとり方

教える立場で書くと、吸収度が上がる

ここからは実際に役に立つノートの取り方を紹介していこう。

私が長年ノートをとってきた中でも、特に効果があったものの一つが「段取りノート」である。ビジネスパーソンが仕事を覚えて、生産性を高めるようになるためには、段取りをノートに書いていくことをおすすめしたい。

私は一時期、発声や身体の動かし方のレッスンが好きで、セミナーによく通っていた。そのときに必死にメモしたのは、教える側の「段取り」である。私は教わる側なのだが、先生の講義マニュアルノートをつくっていた。次に自分が講師として派遣されても大丈夫なように、段取りをすべてノートに書いていたのだ。

たとえば、「生徒が20人いるところ、2人一組をつくらせて、20分間こういうワークをさせる」という段取りはメモしておかないとすぐに忘れてしまう。教えられている側は、自分が体験したことや、受けた印象の中だけで考えてしまいがちだから、「じゃあ、次は講師としてやってください」と言われたら、まずできない。
先生の行動、指示に加え、指示の際の補足説明も重要だ。「イスに座ってください」と言ったあと、「両手両足をリラックスさせてください。頭もダラーンと下げます。骨がなくなった気分で」なんていうふうに、比喩を交えたり気分を追加したりする。この補足説明もメモしておかないと、いざ講師の立場になっても何も教えられない。

段取りの骨格と、指示のプラスアルファをメモするのも、休み時間にすぐやらないと完全に忘れてしまう。もちろん、講義中もノートをとりながら聞いていたが、ワーク中にはノートを書くことはできない。だから、トイレ休憩中に、今やったことを急いでメモする。自分の感想は、次の日でも覚えているが、やったこと自体は忘れてしまう。

セミナーを受けているほとんどの人は講習を「受ける」という心構えで臨んでいる。私の場合は、「授ける」心構えで臨んでいた。なぜなら、「学習効果が最も高いのは、教える側に回ったときだ」というのを知っていたから。まったく吸収度が違う。

教えると学習が深まるのは知っていても、実際に教える側になるのは、いきなりは難しい。講師をやらせてくれと言っても、すぐには了解してもらえないだろう。だから、教えられているときに、教える側の目でモノを見るということをやった。それが、段取りを書き抜くということだ。

話を構造化するコツ

ところで、話を聞いてなおかつそれを理解するコツはあるのだろうか。

話を聞いて、それを頭に入れようというとき、話し手の言葉がドミノが倒れていくようにダダダダと続くイメージを持つのではなく、5階建てくらいの建物を建てるイメージを持つといい。全体では5階建てで、1階にはこれがあり、2階にはあれがある。階段はここにつける。そういうイメージを持ちながら聞く。

建築のレントゲン写真というのがあるとしたら、そのレントゲン写真で、骨格を写し取るような感じだ。設計図を写し取る、と言ってもいい。

経験値の高い人の話を聞く機会があったとしよう。その人の話が、必ずしも段取られているとは限らない。支離滅裂かもしれない。それでも、その骨格を見抜いて、段取りノートにする。そうすると、本人よりも整理して再生することができる。

大学の講義を受けながらノートをとる場合、今回1回分の講義はどう段取られているのか、1年ではどう段取られているのか考えてノートに書くといい。こういった段取りノートは、東大生が得意だ。次に自分が教壇に立っても、講義ができるようなノートをつくっている。


東大生がノートづくりを得意としているのは、頭の良し悪しというより、「自分が教える側に立ったらこうする」という意識の問題だろう。東大生に限らず、テストが得意な人は、出題者の立場に立つことが自然にできている。

問題が解けるのは、出題意図を読めるからである。先生の立場になって、「こういう問題を出そう」と考える。それが習慣になっているから、テストでも要求されていることを書くことができる。

段取りを見抜く

「段取りを書き抜く」とは、話とシステムを同じ地平に置くということでもある。話を聞きながら、その中にある段取りを書くだけでなく、言語化されていないシステムの中の段取りも見抜いて書くということだ。

言語化されていないものを、構造化して書き抜くのは、少し高度な技術が必要になる。これを「社会科見学」を例にして、説明してみる。

小中学校では社会科見学の時間があった。私も中学生の頃には、缶詰の工場へ行った。授業の一環としてみかんが缶詰になるまでを見学したのだが、後でその模様をノート提出させられた。鉄工場にも行った。お茶ができるまでも見に行った。いまだによく覚えている。

学校教育の一環として行くから、ぼんやり眺めているわけにはいかない。必ずノートを持たされた。製品がどのようにつくられているのか、その様子をメモして、あとで発表するのだ。「鉄が真っ赤に燃えているなぁ。すごいなぁ」と眺めているだけだったら、「鉄ができるまで」を説明することができない。そのプロセスを図と文章でメモしていけば、完璧ではないにしても、およその流れは説明することができるようになる。

さらに、工場の人の話を聞き、要点をメモする。

ビジネスパーソンがノートをとるときもこの社会科見学の基本スタイルをそのまま実践すればいい。

どんな商品であれ、きちんとしたプロセスを経て、製品化されていく。プロセスだけなら、誰でもつかむことはできるが、「このタイミングで投入しないとおいしくならない」とか「こうしたほうが歩留まりがよくなる」といった暗黙知は見学しただけでは見抜くことはできない。そうした言語化されていない情報＝暗黙知は現場の人から聞き出さないと、読み取ることはできない。

「段取り」とは、いわばこのプロセスと暗黙知が一体化されたものである。これをノートの上にアウトプットするには、その仕事について熟知していなければならない。段取りのノート化は実は、高度な技術を必要とするのである。

ノートを書くと出世したくなくても出世してしまう？

社会科見学で培ったノート技術は、仕事において非常に役立つ。会社に入ったら、まず「社会科見学的ノート」をつくるといい。

指示されたこと、教えられたことをメモするだけでなく、仕事の流れを段取りとしてノートに写しとるのである。小学生のときにできたのだから、ビジネスパーソンができないはずがない。

ある作業に、どういう意味があり、どういう能力が必要であり、どういう流れになっているのか。一覧できるようなノートがつくれれば素晴らしい。

文章だけでなく、図にできるともっといい。文章と図がお互い補完しているものを示せれば、非常にわかりやすい。

言語化されていないものを、文章と図で表す練習をすると、マネジャーに必要な能力がつく。各人が何をやっているのかを読み取り、構造化して表現できる能力は、マネジメント能力につながる。

マネジャーは、ある程度年数が経てば自動的になるというものではなく、マネジメント能力のある人がなる。営業マンに営業の能力が必要なのと同じように、マネジャーにもマネジメント能力が要求される。一つの職能だから、ほかの職種より必ずしも地位が高いわけではない。しかし、通常はほかより給料が高い。それなりに高い能力が必要だとみなされているからだ。

マネジメントに必要な能力は、段取りを見抜いて整理できる能力だ。それはノートをとることで磨くことができる。会社に入ったら「社会科見学的ノート」をつくると、マネジャーへの近道になる。いわば、出世ノートだ。本人はマネジャーになりたくないかもしれないが、その能力があるのだから、周りが放っておかないだろう。「出世したくなくても、出世してしまうノート」と言ってもいい。

指導者には全体を見渡す視点が絶対に必要だ。自分に関係のあるところだけ、狭い視野で見るのでなく、一段上から全体を見渡す。この視点は、段取りをノートに書くことで育まれる。

新入社員のうちから、片足を自分の仕事に、もう片足をマネジメントにつっこんだつもりでいるといい。現場で働くことは大切だが、全体を見渡す視点も忘れないということだ。ただし、両足ともマネジメントにつっこんでしまうと、「お前はなんだ、部長気取りか」と言われてしまうので、気をつけよう。

便利な仕事構造図

東京の地下鉄は非常に複雑だが、路線図があると便利である。駅で配られている路線図カードを私も持ち歩いているが、たぶん、かつていろいろな人が似たような図をつくったのではないだろうか。使われるうちに、ブラッシュアップされ、最も使いやすいものが残ったのだろう。

もし、仕事の構造図を書ける人がいたら、職場の人全員にとって便利だ。水道管図のようなものがあれば、仕事の流れに詰まりができているところを見つけやすい。流れが悪いところを発見したら、配置を変えたりして改善することができる。空間の配置は、意外に大きな意味を持つ。座席が離れているせいで、うまくコミュニケーションがとれないこともある。

仕事を構造化すると、流れがわかる!

インポート部　○×ブランド展示会までの流れ

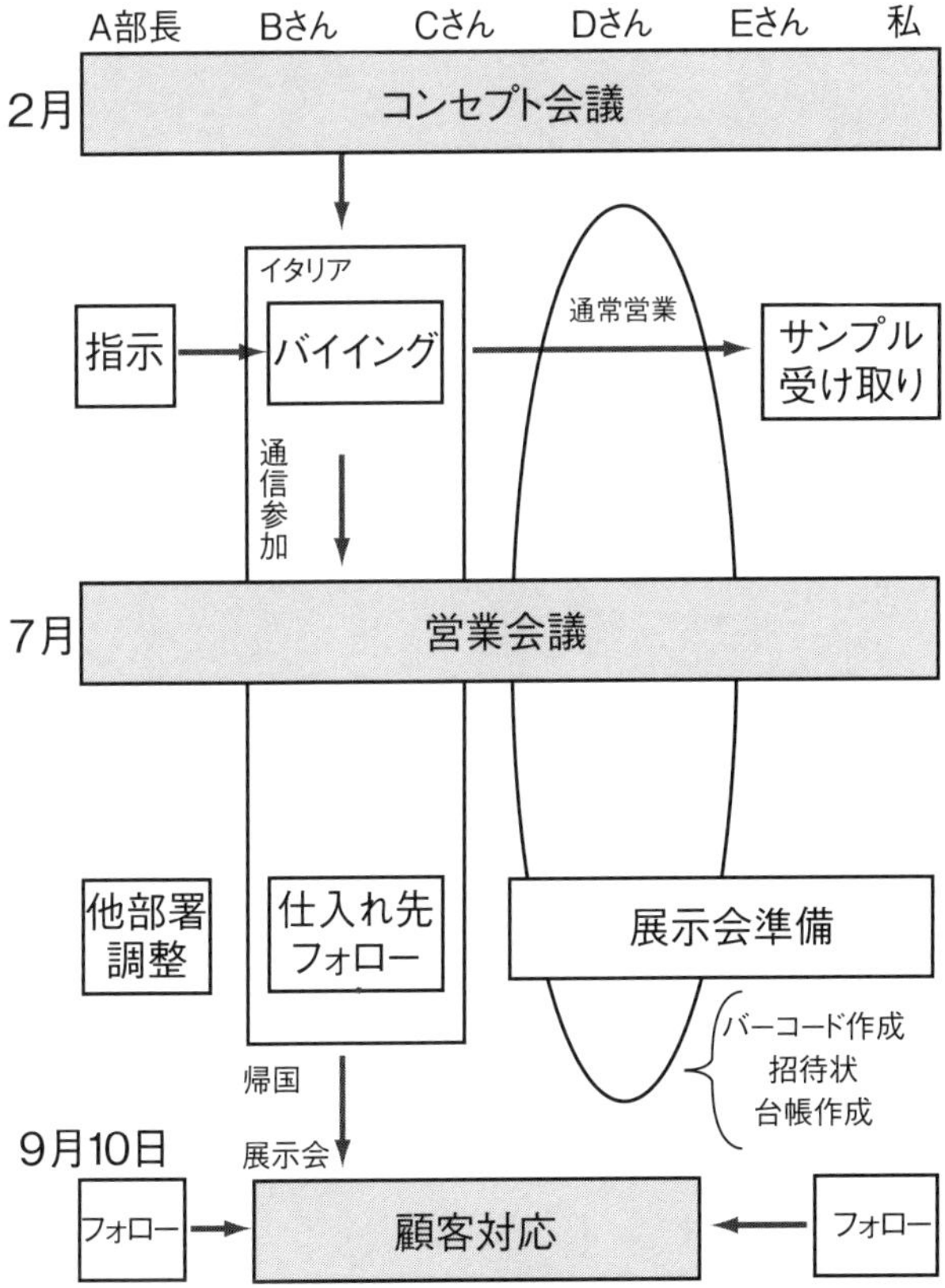

たとえば、6人で構成された1つの部署があるとする。6人の間の仕事を図にしてみると、全員の間に同じような線が結ばれるのではなくて、うまく流れていないところが見つかる。AさんとBさんの間にコミュニケーションがないから、うまく仕事が流れないのであれば、2人の席を近くすればよい。

座席の話で言えば、新入社員は部長から最も遠くの席に座らされることが多いが、これは間違っている。「この会社はこう動いている」「この仕事はこう流れている」と説明する必要があるから、全体を見渡すことができる人が、新入社員の一番近くにいるべきだ。

もちろん、新入社員本人が、仕事の構造を見抜く努力をすることは大切だ。本当に能力の高い人は、自分で構造図を書けてしまうだろう。ただ、一般的には下のポジションから全体を見渡すのは難しい。少なくとも、全体を見渡す立場にある人からのアドバイスが必要である。「この仕事の流れを図にしてごらん」と言って、ノートを書かせ、それを見ながら正したり補足したりするのがいい。

入社したばかりの頃は、仕事の構造図を書かせてもスカスカの図になりがちだ。「ここところこの間に、何が入ると思う?」「あの人の仕事は何だと思う?」そう言って、注意を促す。

2カ月後、3カ月後にまた同じ図を書かせる。スカスカだった図が、充実してくるはずだ。図が充実すればするほど、周囲の人に対する配慮ができるようになってくる。

採用試験で能力を見抜く方法

ノートを見れば、その人の実力がわかると前述した。「この人は仕事ができる」「この人は何もわかっていない」とノートで判断できるのだから、社員の採用のときにそれを活かしたらいい。

会社にとって、「人」は重要だ。社員の採用は、とても勇気がいる。人が最も会社の利害に直結するから、慎重に選ぶことが必要である。

どのようにすればいいかというと、面接である程度の人数にしぼった段階で、会社の中に「見習い社員」として放流するのだ。あらかじめ、「これは段取りを書くテストだ」と言えば、ほとんどの人は書けるかもしれないが、何も言わずに放流して、抜き打ちで「それでは、仕事の流れを図にしてください」と言ったら、書ける人と書けない人がハッキリ分かれるだろう。ここでその人の能力を判断すればいいのだ。

言語化されていないものを読み取って、図と文章にできる能力は、仕事の上達に直結する。段取りノートを提出させて、書き込んだ段取りを見れば、入社後の伸びが推測できる。おそらく面接でその人の適性や能力を判断するよりも、はるかに精度が高くなるはずだ。「段取りノート」で日頃から訓練しておくことは、ノートの最も効果的な使い方だ。

引き継ぎを甘く見ると、足下をすくわれる

仕事に就いたとき、マニュアルが渡されれば、スタートがきりやすい。そのマニュアルを活かしながら段取りを整理し、問題に対処していけばよい。

マニュアルは、あってしかるべきだと思うのだが、意外とマニュアルのない会社が多い。部署間の異動が多い会社でさえ、仕事の引き継ぎを口頭でやっていて、びっくりする。

引き継ぎを真剣にやっているのは、病院や鉄道関係など、事故に直結する現場だ。看護師は、入院中の患者を交代で看ている。そこで認識のズレがあれば、大変なことになる。だから、日々、真剣に引き継ぎをしている。

私は編集者と一緒に仕事をすることが多いが、出版社によっては、担当の編集者がコロコロと代わり、その度に、一から話をしなくてはならないことがある。これは苦痛だ。作家によっては、それがイヤだから、編集者がコロコロ代わる出版社とはつきあわなくなった、という人もいる。経験知を共有している価値というのは、とても大きいのである。それをわかっていない人が多い。

マニュアルとして、きちんと整理した文書があり、前任者が気づいたことのメモがあり、口頭での引き継ぎのほかに、「これを読んでおいてね」と渡すことができれば、実質的な引き継ぎと言える。さらに、その文書を読んだ人が「ここはどうなんですか」と質問をし、前任者が答えるという対話も必要だろう。

仕事は段取りと問題意識の集積

引き継ぎをしっかりやらない会社は、仕事が段取りと問題意識の集積で動いているという認識が足りない。

会社としてマニュアルを用意してあったとしても、それを渡しただけでは効率的な引き継ぎにならない。マニュアルには、仕事の段取りが書いてあるわけだが、実際には書かれていない部分で差がついてくる。

「段取りとしてはこうだが、これに気をつけるとスムーズにいく」

「ミスの原因にはこういうものがあるから、あらかじめチェックをするといい」

現場の問題意識には、価値があるものなのだ。これを引き継げるかどうかは、大きい。

統一されたマニュアルには、現場の担当者が問題意識を書きこむことを習慣にしたらいい。

たとえば、同期全員に同じマニュアルプリントが渡されたとする。そこに、各人が気づいたこと、注意点を書き加えていく。マニュアルには行動面が書いてあるとすれば、書き加えるのは「問題意識」の部分である。すると、そのマニュアルはオリジナルのものとなり、同期のマニュアルプリントを借りたとしても代用できないくらいになる。

こういったマニュアルをつくることができる能力は、仕事に必要な能力の半分以上を占めているのではないだろうか。

マニュアルづくりにも、三色ボールペン方式が使える。

マニュアルをつくると、段取りが見えてくる!

月次で行うこと ～売掛金チェック表作成～

〈目的〉
営業担当者が得意先の売掛金回収度合いを
チャックするために資料を作成する

〈時期〉
月初5日まで

〈使用ソフト〉
MicrosoftAccess、○×データベース

〈手順〉
①経営管理室に確認し、○×データベースから売掛金データをもらう
※USBメモリ使用
②Access「売掛金チェック」を開き、DATAテーブルに
売掛金データをコピーする
③クエリ「売掛金1円以上」実行
④回収レポートが作成される
→○×データベースと合っているかチェック
（得意先コード、日付、金額）
⑤クエリ「滞留90日以上」実行
⑥滞留レポートが作成される
→○×データベースと合っているかチェック
（得意先コード、日付、金額）
⑦レポートをそれぞれ印刷し、担当部署へ

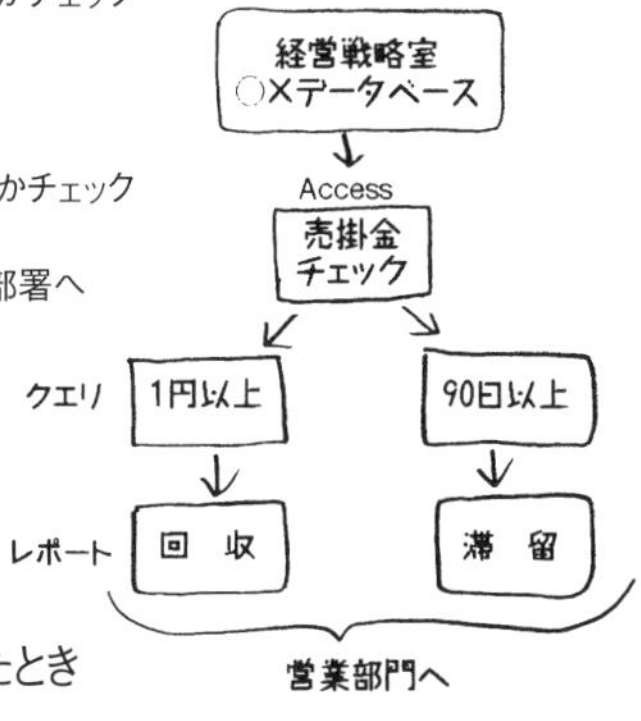

〈変更〉
得意先の担当者が代わったとき
→担当マスタを変更

絶対にはずしてはいけないことは赤で書く。

一応、段取りとしてやらなければいけないことを青で書く。

そして、自分の問題意識や工夫、コツについては、緑で書く。

このマニュアルをつくりながら、仕事に臨むのである。ほとんどの人は何もしていないから、すぐに差がついてしまう。

上司に認められたいなら、段取りノートをとれ！

仕事の段取りノートをつくることは、自分を成長させるだけでなく、評価のきっかけになる。

たとえば、段取りと問題意識を書き込んだノートを上司に見せ、「これで合っていますか」と確認する。仕事をわかっている上司であれば、「ここが抜けているよ」とか「これはちょっと違うよ」とか教えてくれるはずだ。足りない部分や間違いをノートに書き入れて、今度はそこを意識しながら仕事に臨むようにする。

その姿を見て、上司はどう思うだろうか。一度か二度のやりとりで、信頼関係が生まれるに違いない。

ノートは他人からハッキリ見えるのがいいところだ。努力がノートというかたちになっているのだから、わかりやすい。あからさまにアピールしなくとも、ポジションが上の人ほど、「アイツは違う。じゃあ、この仕事を任せてみよう」と気づくものだ。

新しい仕事についたら、また段取りと問題意識をノートにする。マニュアルがつくれるようになれば、後任に引き継ぐこともスムーズになる。そうやって、周囲とどんどん差がつく。

今の日本は、正社員の採用が減っており、「厳しい」と言われるが、雇う側は、仕事のデキる人ならば欲しいと思っている。しかしなかなかいないから、雇う気がしない。

社会構造全体としては、深刻な問題もあるが、自分自身の人生を救うためであれば、ノートをつくればいい。仕事の段取りと問題意識をノートに書く習慣をつければ、間違いなくステップアップしていく。

出世というものを、多くの人は漠然としか考えていない。出世するためには上司に評価されることが必要である。上の立場の人から評価される行動をしなければならない。段取りと問題意識を両方合わせて意識化していることを評価してもらいたいなら、まずノートをとる。「ノートを書く」というのは、目に見える行動だ。

しかも、マニュアルノートがあれば、引き継ぎもきちんとできる。「あの人から教わると、よくわかる」と言われるようになれば、相当なレベルに達していることになる。

引き継ぎを意識する

仕事の段取りノートをつくるときは、常に引き継ぎを意識するとよい。教えようと思ってノートにすると、問題意識が明確になる。

私は大学の授業の中で、教育実習へ行った学生に、グループで話し合わせている。教育実習は、本人たちにとってかなりインパクトのある経験だが、その経験をさらに深めることが目的だ。

そのとき、「次の学年に渡す注意点リストをつくる」という課題を与える。4人一組になって、気づいたことを話し合い、整理してリストにする。「板書するときにはここに気をつけよう」とか、「これはやっちゃいけない」といったことが、たくさん集まる。「教えよう」という意識になると、クリアな話し合いができる。

課題を出さずに話し合わせると、「高校生とこんなふうに仲よくなって、楽しかった」といった経験談に終わってしまう。経験談がムダというわけではないが、次の学年に教えるつもりで話し合ったほうが、質の高い話し合いになる。膨大な量の経験知が列挙されることになる。

それぞれのグループで出した項目を合わせると、やったほうがいいこと、やってはいけないことすべてが網羅されたようなマニュアルが完成する。これは、私たち教員が指示するのとはまた違った角度からのアドバイスであり、本来の引き継ぎマニュアルに近い。非常に効果的なマニュアルができあがる。

仕事のうえで、システム側から提示されるマニュアルはあっても、現場で仕事をしたことのある人間でないとわからない細かい工夫が暗黙知としてある。それを、書き出す。1人でやってもいいが、同僚と一緒に話し合ってはどうだろう。

「今日はなぜこんなにスムーズに仕事が流れたのか」、あるいは逆に「今日のミスは、なぜあんなに大きくなってしまったのか」
ノートに書きながら対話すると、客観性を持ち、冷静に分析できる。ミスに対しても、やみくもに落ち込んだりすることなく、気持ちを落ち着かせることができる。

慣れない仕事はノートでシミュレーションしておく

マニュアルは、常に見ながら仕事をするわけではない。頭に入れておいて、必要なときに確認する。頭に入れるには、そのプロセスをざっとシミュレーションしておくことが大切だ。

『白い巨塔』というドラマがあったが、その中で、財前五郎が指揮者のように手を動かし、外科手術のシミュレーションをしているシーンがあった。手を使ってシミュレーションし、「こうこうこうだから、大丈夫!」と、手術に臨む。

外科手術は、段取りである。ここを切って、次にここを切って……という、時間内に遂行しなくてはならない段取りが決まっている。ただし、完全に順番が決まっているのではなく、いくつかの選択肢がある場合もある。

体を開いてみて、Aならこうする、Bならこうするという具合だ。その場で「アーっ！どうしよう！」ということは、普通はない。

優秀な外科医のように、仕事で冷静に対処していくには、選択肢を予測しながら、段取りをシミュレーションする。財前のように、手や体を動かしながらシミュレーションをするといい。

「取引先の社長が入ってきたら、立ち上がって、お辞儀をして、それから名刺を出して……」

これで、落ち着いて行動できる。慣れてくればすんなり頭に入るが、慣れるまではこのシミュレーションを一度は段取りノートに書いておくといい。

第五章

セミナー・勉強に役立つノートのとり方

質問・コメント・感想を書きながら聞く

ビジネスセミナーで私が話をするときは、最初にこう言うことが多い。

「私の話をメモしていただいて、あとで自分でも言えるようにしてみてください」

そうしないと、ノートをとる人は少ないからである。

30分ほど話をしてから、「今メモをした中に、質問したいことをメモした方はいらっしゃいますか」と聞く。２００人中１人が手を挙げればいいほうである。

「では、コメントを書き込んだ方はいらっしゃいますか」と聞く。話を聞きながら、「それは違うのではないか」とか、「それに似た話に、こういうものがある」といった自分なりのコメントというのが出てくるはずである。ところが、これをメモしている人もほとんどいない。

コメントまでいかなくとも、「面白い」とか「この部分に共感した」といった感想レベルのメモも、書いている人はほとんどいない。

なぜか。

ノートは、自分の外側にある情報を写しとるものだという固定観念があるようだ。一方では日記のように、感想を書き連ねるノートが別に存在している。情報と感想を同居させることがあまりない。

しかし、外側の情報と内側の自分の言葉を同じノートに書くほうが、話の吸収度が高い。話を聞いている時間を最大限に活用し、そこから得たヒントを仕事に役立てていくには、ノートを使って対話的な聞き方をすることが大切だ。

三色ボールペン方式で言えば、緑色で書くのが自分の質問・感想・コメントである。緑色を増やすようにノートをとると、話を聞く姿勢が変わる。吸収率が変わる。

聞いた話を自分で再生できるというだけでなく、話を聞いて得たインスピレーションを、活かすことができる。クリエイティブな活動に振り向ける燃費とでも言おうか、資源を最大限に有効に活用できるようになる。

話を聞いていると、直接関係ないようなアイデアを思いつくこともある。話から派生して、考えが広がり、聞き手の頭の中で突然シナプスがつながって「あ！」とひらめく。そういうアイデアは、すかさず緑色でメモしておく。コメントの中でも、アイデアが最も重要である。

質問を書くというだけでも、私は十分にクリエイティブだと思う。どんな質問をしようか、考えることによって刺激され、アイデアが出てくる。

たとえ「そんなの当たり前じゃん」というようなコメントしかなかったとしても、それをノートに書くだけで、話への関わり率は格段にアップする。対話的な聞き方ができるようになってくる。

喫茶店で友だちと会話しているとすれば、相手の話に対して「そこは、そうじゃなくて」とか「それ、わかる。似たようなことがあったよ」とかコメントするはずだ。

セミナーや講演で「先生」の話を聞くときも、友だちと会話しているように対等にとは言わないが、ノートの上で「対話するように聞く」ことはできる。

もちろん、話を聞くといったときには、「積極的な受動性」が大切だ。とりあえずは素直に話を聞き、いいと思う部分をとりいれる姿勢である。ただ、その「積極的な受動性」の中にも、もっと感情をのせていい。

「へー！それは知らなかったなぁ」「ウソー！〇〇だと思っていた」「あれっ、それは違うんじゃないかなぁ」

頭の中だけで対話するのでなく、ノートの上でやる。文字にすると、意識化が進む。なんとなくの感覚ではなくなる。その言葉を土台にして、さらに考えを進めることができる。

頭の中の魚をつかまえろ！

人の話は、自分の頭を刺激してくれる。

話を聞きながらノートをとるのは、人の話が網となって、自分の頭の中にいる魚をつかまえる感覚だ。魚は普段、深海にもぐっているが、海がかきまぜられると、浮き上がって魚がつかまえやすくなる。

話を聞くときもこれと同じで、一度は記憶したものの自分の脳内奥深くに沈殿した情報を、人の話を網にすることで再び取り出すことができるのだ。

講演会で概念についての話を聞いたとしよう。たとえば「対話的な弁証法」についての話を聞き、その網で自分の経験知をザッとすくってみる。すると、「そういえば、○○先生は対話的な授業の進め方をして、新しいところにたどり着こうとしていたな」と思いつく。緑色のペンで、「○○先生の対話的な授業」と書き加える。具体的なエピソードまで書けるともっといい。

概念は、自分の具体的エピソードと結びつけると定着する。そして、その概念を使いこなせるようになる。これは一挙両得である。経験知の海に沈んでいた魚を浮かび上がらせることができ、新しい概念を使いこなせるようになるのだ。これをやらずにノートをとるのは本当にもったいない。

話を聞いているときには、その話をメモすることに集中し、あとからノートを見直して、質問・感想・コメントを書く、というのでもいいのだが、私の経験上、「鉄は熱いうちに打て」のことわざに似て、「コメントは熱いうちに書け」だと思う。その場でどんどん書きこんでいくほうが効果は高い。

話を聞き終わったら、もうノートを見ないし、見ても魚をつかまえることをしない。なぜかと言えば、面倒くさいからだ。興奮も冷めている。

料理と同じで、出されたときに食べてしまうのが一番だ。冷めてしまうと、もうおいしくない。聞いた瞬間が、最も刺激が強いのであり、魚をつかまえるのにベストなタイミングである。

このように考えると、話し手側からすれば、相手の心にひっかかる話をするのに2つのことが必要になる。

一つは、感情を沸き立たせること。概念や論理を持ち出さなくても、感情的なメッセージを送ることができる人はいる。声の出し方、抑揚、ジェスチャーなどによって、モチベーションの上がる話し方をすると、聞いているほうもワッと感情の波が起こる。頭の中の海がかき混ぜられる。

しかし、かき混ぜられただけで終わってしまうと、魚たちもすぐにまた元どおりに沈んでいってしまう。

そこでもう一つ必要になるのが、「網」となる。概念であり、論理的思考であり、ヒントとなるエピソードである。そういったものが入ってくると、「自分にも似たことがあった」

というように、経験知をひっぱり上げることができる。魚を捕獲することができる。

ところが、この魚はすぐに深海に戻ろうとする。

先日、テレビを見ているとき、魚がいかに素早く深海に潜っていってしまうかを実感した。私はテレビをよく見るほうで、お笑い番組をビデオに録って、夜中にずっと見ていたりする。

実はこのとき、テレビを見ているのか、魚を捕らえようとしているのかは微妙なところだ。100%番組に集中しているのではなく、50%の集中度で見ている。残りの50%は、次の本のアイデアなど、企画を常に10個ほど考えており、ヒントを探しているのである。

そんなふうに、半分は魚を探している状態でテレビを見ていると、「あ!」とひらめく瞬間がある。連想ゲームのようなもので、テレビから聞こえてきた言葉を聞き間違えたとしても、アイデアがひらめいたりする。

先日は、テレビを見ながら「考え方によって、感情をコントロールする」といったテーマについて、「あ!この3つだ」と感じた瞬間があった。そして、慌ててノートを探した。

頭の中の魚はすぐにつかまえないと たちまち消えてしまう!

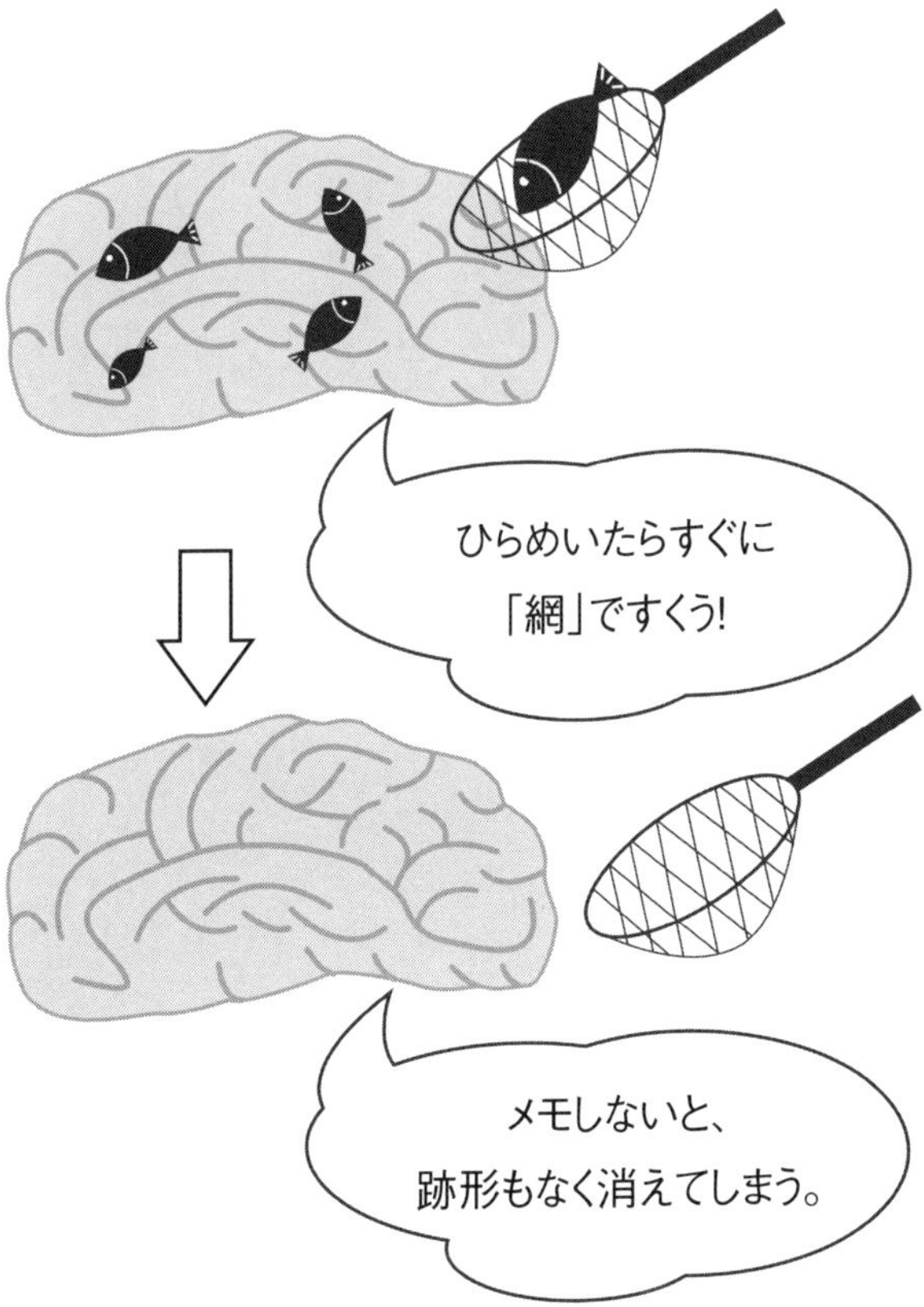

すぐに書きつけなくては忘れてしまう。

それで、2つまでは書けたが、あと1つがどうしても出てこない。確かに3つ思いついたのに、ノートを探す間に忘れてしまったのだ。30分ほど苦しんで、ようやく思い出すことができた。そのぐらい、魚はすぐに潜ってしまうのだ。

話を聞いて「あ！」という瞬間があったら、すぐさまメモすることが大切である。

ノートの上で自問自答する

先日、高校生の息子に読ませようと思って、松下幸之助さんの本『リーダーになる人に知っておいてほしいこと』（PHP研究所）を買ってきた。この本は、松下政経塾で語られた話を録ったテープ100時間分から、考え方の要諦をまとめたものだ。項目は48個あるのだが、全体を通して要約してしまえば「素直さが大事だ」ということである。

その中に塾生が松下幸之助さんに次のような面白い質問をした話が載っていた。

「信長、秀吉、家康という三人の英雄の、まったく異なった性格をあらわした『鳴かずんば○○○○○ホトトギス』という言葉が残っています。塾長なら、『鳴かずんば』のあとどのように続けますか」

素晴らしい質問力である。「鳴かずんばに続ける言葉」という非常に具体的であり、かつ、その答えに価値観が表れるような本質的な質問だ。

それにしても、塾生が聞いている前で、自分がこんな質問されたらどうするかと想像するだけでも、冷や汗をかきそうである。「そういう難しい質問は、あらかじめ言っておいてよ」とでも言いたくなる。

信長の「殺してしまえ」、秀吉の「鳴かせてみせよう」、家康の「鳴くまで待とう」で、経営者の考え方としてはもう出尽くしているように思う。私なら「あきらめてしまおうホトトギス」とでも答えただろうか。

会場にいたほかの塾生たちも、「自分だったら……」と考えただろうと思う。

こうやって、考えることが大切なのである。「話」としてただ聞いていると、「ああ、そう言ったんだ」とサラリと流れてしまうが、質問されれば頭が働き出す。

ノートに質問を書くというのは、自分自身の頭を働かせるためにもいい。相手に対する質問を書くと同時に、自分だったらどう答えるかを書いてしまう。名づけて、「自問自答ノート」。

質問と答えをノートに書きながら話を聞いていると、自分がその人であるかのように話をすることができるようになる。今の例で言えば、松下幸之助になったかのように、話をすることができる。

さて、松下幸之助さんは何と答えたか。

「それもなおよしホトトギス」

なるほど、「素直さが大事」の論理が通っている。時代に合わせた柔軟性が表現されている。さすが歴史に残る名経営者である。

ノートで話し上手になる!

質問と答えを用意すると、話に起伏ができる。話し上手になるのにも、この方法は役に立つ。講演やセミナーなどでは、質問を投げかけると、少なくともその間は、聞き手は寝ない。私は、講演でもどんどん問題を出す。一問について3秒くらい間をおいて考えてもらい、「今のはこういうことでした」とコメントして次に進む。質問があれば、考えたくなるし、答えが知りたくなる。聞き手の頭は活性化し、話に注意を向け続けることができる。

実際に質問を投げかけなくとも、問いを用意しておけば、それに答えるかたちでスムーズに話を展開できるし、他者性が入るので新たなダイナミズムが生まれる。

話すのがヘタだと感じている人は、話す練習の前に、書く練習をしたほうがいい。いや、「そこそこイケてるかも」と思っている人ほど、危険だ。話していることをノートに書き出してみたほうがいい。長くてつまらない話を聞かされることほど、つらいものはない。

言葉数が多いと、なんとなく「話せる」と思ってしまうが、重要なのは話の内容だ。文章にしてみて全然書けないというのであれば、それは意味がうすいということなのだ。

書き言葉にすることによって、コンパクトに話せるようになる。まず、書き言葉のほうが語彙《ごい》が多い。書き言葉の語彙は、『広辞苑』などを見てもわかるとおり、普段使わない言葉も含めて膨大にある。

一方、話し言葉のほうは、1000ワード以下で日常生活が足りてしまう。だから、話し言葉だけで話を構成すると、語彙が少なくなる。語彙が少ないと、意味の含有率も低くなってしまう。

書き言葉にすれば、文章として整理される。それが話に生きてくる。またノートに書くことで、話のネタをためることもできる。

私は大学で講義をするためのノートをつくっていた。かつては大学の講義1時間半のために、10時間とか20時間を費やして準備をしたこともある。

話を整理して凝縮する必要があるから、準備に時間がかかるのは当然である。1時間半の話を1時間で準備するなんていうのは無理な話だ。時間をかけてつくった講義ノートは財産になる。それだけ話せるネタを持っているということだ。

大学では1時間半の講義が半年で15回、1年間では30回になる。1時間半1回なら面白い話ができても、30回分も話せる人は少ない。

ゲスト講師として、ジャーナリストの方が話をされることがあるが、1回分の講義はとても面白い。しかし、ほかの科目でも同じ話をしてしまうので、聞いている学生も同じ場合、「この前と一緒だ」と思われてしまう。

いつも同じ話をしてしまう、ネタ的に限界があるというのは、その場の勢いで話すからなのだ。講義ノートをつくっていれば、「またか」と言われるのを避けられる。

ただし、忠実に講義ノートに沿って話そうとすると、場が活性化しない。ライブ感がないと、聞き手は聞く気をそがれてしまう。その辺は柔軟に対応することも必要だ。私の場合は、講義ノート＋本を3〜4冊組み合わせて話す、というのが基本的なパターンである。テレビや人から得た情報を組み合わせることもある。慣れてきたら、いちいちノートに頼る必要はなくなる。

このとき、新しく仕入れた情報を、そのまま話したのでは芸がない。必ず自分の文脈にとりこむことが必要である。

ネタを3つ用意すれば、どんなときでもすべらない

先ほどの松下幸之助さんの話で言えば、「塾生に『鳴かぬなら』の次にどう続けるかと

いう質問をされたそうなんですよ、どうですかみなさん。みなさんが松下幸之助だったら、何と答えますか」と発問する。そして解答を言い、「素直さが大事というのを、一貫して言っているわけですね」と意味を説明する。

これで一ネタ。ただし、ここで終わってしまったらつまらない。誰でも話せる小話の域を出ない。

「素直さで成功した人と言えば、私の知り合いにこんな人がいました」というふうに、自分の話につなげる。こういうことができると、相手を飽きさせることがないし、話し上手になれる。

そのために大切なのは、自分の経験知とリンクすることを必ずノートに書き込んでおくことである。

コンピューターの世界では「リンクを張る」という言い方をするが、これは面白い言い方だ。「リンクさせる」でもいいのに、わざわざ「張る」と言う。くもが巣を張るように、あちこちがつながるイメージである。

これは、話を自分の経験知とリンクさせるのにもしっくりくる。糸がぴんと張っているというより、ゆるやかにつながっているイメージだ。

話のネタをメモし、それを何回か人に聞かせて、ブラッシュアップさせるようにしていくと、「すべらない話」のようなものができてくる。何回か話していると、ウケるポイントがわかってきて、うまくなる。

『人志松本のすべらない話』という人気番組があるが、たまに順番が当たったお笑い芸人が話す前にメモを確認している姿が映る。

「すべらない話」と銘打った番組向けでなくても、お笑い芸人はギャグやボケとツッコミのバリエーション、面白い話をネタ帳にたくさんメモしている。

トークのプロでもノートの上でネタを練っているのだ。人をひきつける「すべらない話」を持っておくには、ノートにメモするのが一番だ。その場で、意味があり、なおかつ面白い話をしようと思っても無理がある。すべらない話ノートが充実するほど、「話し上手」と評価されるようになるだろう。

コメントは「3秒以内」をルールにする

話をふられたときに、パッと答えられる人は、頭の回転が速い。実はこれも訓練によって、誰でもできるようになる。

私がビジネスセミナーで話しているときには、当てて答えさせることまではしないが、「今までのところで、何か関連するエピソードを思いついた方は拍手してください」と言う。するとと、最初は誰も拍手をしないし、シーンとしている。しかし、話を聞きながら質問やコメントをメモすることに慣れてくると、半分以上が拍手をしてくれる。

話を聞きながらコメントを用意していれば、「質問はありますか」とか「今の件についてどう思いますか」と突然ふられてもすぐに答えることができるのだ。

質問やコメントは、話をふられてから3秒以内にする必要がある。私は、「何かありますか」と聞いて、沈黙が1、2、3と続くと、もう先に進むことにしている。というか、せっかちだから待っていられないのである。

仕事のできる人は、頭の回転が速いから、3秒でじれったくなると思う。もちろん、相手への気遣い、周囲への配慮というものはするが、必ずしも毎回待ってはくれないだろう。「何かある？」と聞かれたら、その瞬間にパッと言えば、会話のテンポが崩れない。そのためには、相手が話している間に、質問やコメントを考えておく必要がある。必ずしも3秒で答えなければいけないわけでもないが、聞かれてから考えたのではもう遅い。

私はテレビに出演して、コメントを求められることもあるが、カメラの前で3秒も沈黙があったらアウトである。相当行き詰まっている人に見えるし、見ているほうもつらくなる。

せめて1秒くらいで話しはじめなくてはまずい。話をふられてから考えたのでは、コメントはできない。文脈から、次に求められそうなコメントはわかるから、「こう聞かれたら、こう言おう」と考えながら、VTRを見たり、話を聞いたりしている。

コメントをタイミングよく言うのには、準備の技術がいる。

「つねに準備しておく」ということの訓練は、ノートでできる。自分がコメントを求められたら何と言うか。ノートにメモしながら話を聞くのである。

採用面接でも、質問に対して3秒以内にパっと答えはじめ、テンポよく会話を進めることができる人は能力が高いと思われ、採用される。

会議などでも、質問やコメントを当意即妙に言える人は、その場を活性化できる。周囲からの評価も高くなるに違いない。

3人の師匠を持とう

大学でも講演会はよく行われているし、ビジネスセミナーもあちこちで開かれている。日本中、講演会だらけである。もちろん、自分の興味関心にあったものを、セレクトする必要はあるが、講演会に出かけていって話を聞くのはおすすめだ。やはりナマにはライブのよさがある。講演者の声には感情がのっている。人間性ものっている。空間を共有している一体感がある。

落ち着いて内容を吸収したいというときには本のほうが適しているかもしれないが、感情のノリはライブのほうが断然いい。ライブ空間の中でノートをとっていると、講演者の脳と自分の脳が混ざり合っているような感覚になる。いい感じの興奮状態がしばらく続く。

1週間くらい経つと、その興奮も冷めてくる。それでも完全に冷めてしまう前に講演者の本を読んでみると、ライブの熱を利用できるので吸収度が高い。同じ本を読むのでも、一度会ったことがある人の本を読むと入りやすい。相手を受け入れやすくなっているので、次々に読むことができるだろう。

そうやって、一時期ある人物のファンになって、追いかけるというのはいい。ずっと1人の人にハマるのではなくて、3カ月くらいの間、講演や本で研究したら、また別の人にうつるのがいい。期間限定で師事するのである。

季節が巡って、また同じ人物に戻ることもある。いちばんハマった熱い時期は過ぎても、一度研究をしているから、自分の中に考えがしみこんでいる。師事する人を増やしていけば、自分をどんどん広げることができる。

師事する人を完全に1人にしぼってしまうと、その人物しか目に入らなくなってしまう恐れがある。どんなに素晴らしい人でも、それなりに偏りはあるから、その人物だけを追いかけると視野が狭くなってしまう。師は文豪や哲学者、経営者、スポーツマンなど多彩な顔ぶれだとさらにいいだろう。

私は春はニーチェで、冬はドストエフスキーなんていうふうに、季節ごとに決めている。できれば、同時に3人くらいに師事し、季節ごとに一人ずつ入れ替えていくのがいい。

ガンジーに師事したキング牧師

期間限定で師事することを本格的にやったのが、キング牧師だ。

彼が学生だった頃、近くで講演会があるのを知り、出かけてみることにした。ハワード大学学長のジョンソン博士の講演だった。独立直後のインドから帰ったばかりの博士は、ガンジーがいかに民衆を率いたかを熱っぽく語った。

ガンジーは、インドが独立するために銃を一発も撃たなかった。非暴力・不服従をコンセプトにした。それを聞いて、キング牧師は「長年の疑問が解けた」と思った。

イエス・キリストの教えには「右の頬を打たれたら、左の頬を出せ」「汝の敵を愛せ」というものがある。キング牧師の悩みは、「この教えは一対一の関係においては素晴らしい。しかし、黒人対白人という構造においては、限界があるのではないか」ということだった。

「今は、黒人が右の頬を思い切り打たれている状態だ。左の頬を出して解決するはずがない」と考えていた。

ガンジーの話を聞いて、その疑問が解けた。暴力を使わずに抵抗をし、インドを独立させたガンジーのやり方は、敵をも愛で包んでしまうようなものだった。

講演会の帰りに、キング牧師はガンジーに関する本を買いまくる。そして、ガンジーの考え方や手法をモデリングするようになる。

キング牧師が具体的にモデリングしたのが、「行進」だ。ガンジーは、イギリス植民地政府による塩の専売制度への抵抗を、暴力ではなく行進によって行った。「塩の行進」と呼ばれる、世界の注目を集めた抗議行動である。

ガンジーの思想に感銘を受けたキング牧師も、行進によって人種差別に抗議した。20万人以上が集まった歴史的な大行進は、全世界に報道され、人々を感動させた。

講演でインスパイアされたことをきっかけに、キング牧師は自己変革どころか、歴史を変革させたのである。

インスパイアされたら、それが消えてしまわないうちに、本を読んで固めていくというプロセスは、とてもいい学びとなる。

この学び方はビジネスパーソンに向いている。というのは、学生にとって授業は日常であり、先生にとっても、長期間にわたる授業は惰性化しやすい。講演会であれば、話す側も聞く側も一期一会という意識がある。感情のノリが違う。

講演者の本でもいいし、話の中に出てきた人の本でもいい。興奮が完全に冷めてしまう前に、読んでみてほしい。

ちなみに、講演会でメモするノートはリング式のものが適している。机がないので、折って下敷きがわりにできるノートが書きやすい。どうしてもノートがなければ、パンフレットに書きこんでしまえばいい。何であれ、メモをとらずに聞き流すのはもったいない。話の内容とインスピレーションを書いたノートは、自分自身の記録となり財産となる。

つまらない話を聞かされたときのノートのとり方

セミナーや講演会で聞かされる話が、当たり前すぎてつまらないときはどうするか。

あるいは、社長の話や上司の話で、聞かなければならないが、つまらない場合もあるだろう。

「それは誰でも知っているよ」とか「そんな当たり前のことを、なぜ言うんだろう」などと思ってしまうと、話を聞くモチベーションが下がり、退屈になる。

ただボンヤリしているのはもったいない。その時間を有効に使う方法がある。「インスピレーションノート」を書くのである。

内容は理解しているわけだから、話をメモする分量は少なくていい。要約を一言だけ書いて、それに関する自分の経験やアイデアをたくさん書く。その話によってインスパイアされることは、あるはずだ。

あるいは、「平凡な話だ」と聞き流してしまっているだけで、本当は深みのある話かもしれない。「つまり、こういうことだな」と一言で要約するのではなく、三段論法のフォーマットを使って、再生できるようにしてみる。

先ほども紹介した松下幸之助さんの『リーダーになる人に知っておいてほしいこと』を例に挙げてみよう。

この本は、全体を要約すると「素直さが大事だ」ということだ。項目はいろいろあれど、どの話も同じに感じてしまう。しかし、もう少し注意深く読んでみると、気づくことがある。

たとえば、「いちばん素直な人は太閤秀吉やと思うな」と言っている。なぜ、秀吉が素直かというと、幸之助さんは秀吉が当時の道徳に従ったからだという。「不倶戴天の敵」という言葉どおり、主人の敵とか親の敵とはともに天をいただかない。つまり、相手を倒すか自分が死ぬかしか許されないという道徳があった。織田信長が明智光秀によって死に追いこまれたとき、秀吉はこの道徳に従って、光秀を倒した。

「戦略とか戦術とか、そういうもの以上に、そのときの道徳に従うということ、これが大事やな。何が正しいかということによって決行したわけや。勝ったらええなとか負けたら困るなとか、そんなことはもう余計なことや。勝ってもよし負けてもよし、やるべきことはやるということや。そういう諦めがつかんと大事は決行でけへんな」(『リーダーになる人に知っておいてほしいこと』)

一言で要約してしまえば「戦略、戦術以上に素直さが大事である」ということになるが、この幸之助さんの話を3つのステップで人に話すことを意識してみると、こうなる。

1　大事をなすには、戦略、戦術以上に素直さが大事である

2　もっとも素直なのは太閤秀吉である

3　秀吉の素直さは「道徳＝本能」に従った素直さである

最後に1に戻って、だから「大事をなすには、戦略、戦術以上に素直さが大事」なのだ、とする。

多くの人は、なんとなく話を聞き流してしまう。しかし、こうやって整理をしてみると、「当たり前のように思ってしまったけど、それなりの論理があるものだな」とか「そもそも秀吉が素直だという着眼点ってすごいな」とか感じられてくる。

一見平凡な話も、聞き方によっては素晴らしいヒントを得ることができる。

ノートを書いて眼力をつける

話を聞きながら、質問・感想・コメントをノートに書き込むやり方を教えたら、ある人が早速やってみた。ある講演会に行って、自分の中から出てきた言葉は、緑色のボールペンで、ふきだしにして書き込んだ。

すると、「それはわかっているんだけど……」とか「知ってる」とかいうふきだしだらけになったという。それはそれでいい。自分は聞いた話の水準を超えているのだ、ということがわかる。

あまり意識しないで聞くと、どの話も同じように聞こえてしまう。講演会に頻繁に行って聞きなれてしまうと、「なんとなく面白かった」とか「なんとなくつまらなかった」というような感想しか持たなくなってきてしまう。しかし、ノートをとることで、「今日の漁獲量はどのくらいかな」という気分で、新鮮な気持ちで話を聞く姿勢を確保することができる。

自分のコメントを書くのを習慣化していると、話の濃さもわかるようになってくる。つまり、眼力がついてくる。

言葉数は多いが、内容がうすい話というのもある。重要なことは何も言っていない、という場合だってある。あるいは、少しの内容をゆっくり話しすぎていて、じれったくなる場合もある。

問題は、意味の含有率である。話の中に、何パーセントの意味が含まれているのか、ということだ。

ノートにコメントを書きながら聞くと、それがわかってくる。意味の含有率がつかめるようになれば、自分が話をするときにも、意味のないことをやたらと言わないように気をつけることができる。

質問・感想・コメントをノートに書く習慣は、眼力をつけるのにも役立つのだ。

少人数セミナーや会議でのノートのとり方

セミナーの中でも、少人数グループに分かれて話し合う場が設けられることがある。話し合って、グループとしての意見を発表するような場合、フワフワした議論をノートにピンでとめていくことが必要になってくる。そしてもちろん、自分の立場をハッキリさせなければならない。これは会社での会議も同じだ。

具体的には、まず参加者の配置を図にする。空間というのは意外に大きな意味を持つ。誰がどこにいるのか一目でわかるようにしておくのだ。

そして、発言をメモしていく。このとき、逐一メモする必要はない。キーワードを書けばよい。

鈴木「積極的に投資するべきだ」

佐藤「今は守りに専念すべき」

このように、誰が言ったのかわかるようにしておく。この発言のメモを俯瞰《ふかん》すると、キーワードの関連性が見つかる。「佐藤さんと田中さんは似た意見を持っているな、それではその折衷案はどうだろう」というふうに考えることができる。

発言のメモに集中してしまうと、会議の書記係、議事録係になってしまう。大切なのは自分の質問やコメントを書くことだ。発言メモを書きながら、同時に自分の心の中で起こっていることをメモする。そして、自分の立ち位置、提案を明確にしていく。

話し合いがすすむと、参加者それぞれの立ち位置が見えてくる。それを、最初に書いた配置図に書き入れる。

「ノーを言いそうなのは山田さんだな。鈴木さんと小川さんはまだ意見がハッキリしていないようだな。この3人を説得すればいい」

参加者の立ち位置がハッキリしないと、議論はフワフワとしたままなんとなく終わってしまう。もし、話が長い割に意見がない人がいたら、意見を促すような質問をすることが必要になってくる。話が長い人は、たいがい状況説明や背景などをダラダラ話している。

三色ボールペンを構えていると、「いっこうに赤が出てこない」と感じる。「それでは、どのようにしたらいいと思いますか?」「今、最初にやるべきことは何ですか?」などと質問をして促す。

自分がこうならないためには、意識して赤で意見・提案をメモすることだ。

ノートをトレーニングシート化する

気づいたときがノートの使いどきである。資格試験や大学受験のための勉強にしても、

議事録はこう書く!

2016.12.22　A会議室　**テーマ『新規事業進出』**

❶

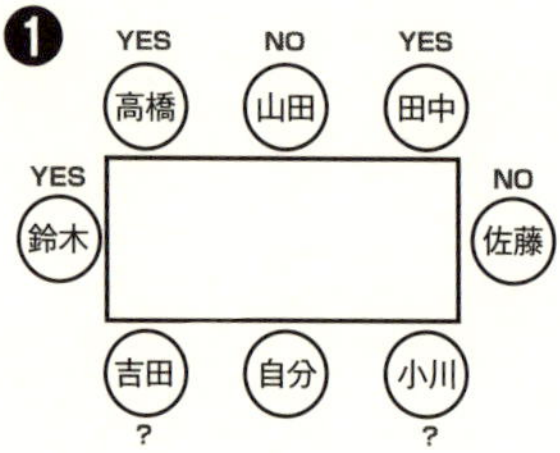

ポイント

❶席の配置を書く
❷発言のキーワードを書く
❸質問を書く
❹ふきだして自分の感想を書く

❷

(鈴木)「積極的に投資するべきだ」
(山田)「進出する分野がない」
(佐藤)「今は守りに専念すべき」

❹ いつなら いいのか？

(田中)「ニッチ分野でわが社の強みを活かす」
(高橋)「コストカットして低価格品を出す」
(吉田)「わが社に人材がいるのだろうか？」
(小川)「もう少し経済状況を見てからでも遅くない」

} 守旧派？

❸〈質問〉

1. 田中さんへ　ニッチ分野とはどんなジャンル？
2. 吉田さんへ　人材を社内募集したら？
3. 鈴木さんへ　どのくらい予算をかけるのか？

仕事上のことにしても、何かミスがあったときは、それをまとめるというのが、一番のノートの有効利用だろう。

資格試験や大学受験などの場合、「問題を解く」ことが要求されるのだから、問題集にあたることが大事だ。やたらとノートづくりをするのは実は効率が悪い。

問題を解いたら、あまり深く考えずに、解答を見る。答えだけが書いてあるものではなく、解説が詳しい問題集を使うと、いい。解説を読んで、ポイントだと思った部分は赤で囲んだり、線をひいたりしておく。

しばらく時間をおいてから、また問題に挑戦する。前回、解答を見て学んだはずなのに、できない問題がある。答え合わせをすると、赤で囲ってあって、「ああ、ここがポイントだと思ったはずなのに」と悔しく思ってしまう。それが自分にとって相性の悪い問題である。

相性の悪い問題をノートにまとめていくと、学習効果は格段に上がる。

これは単語一つとってもそうだ。単語集で覚えられるものは、ノートにする必要はないが、最後まで残った「相性最悪の単語」をリストアップする。ノートのページを半分に折り、左側に英単語、右側に日本語を書く。英語を見て日本語を言い、日本語を見て英語を言うトレーニングを繰り返す。

何回もやると反射速度が短くなる。速くなるほど、記憶に定着したと言える。

英語を見て、「2秒以内に日本語が出てこなければダメ、3秒もかかったらアウト、5秒じゃ話にならない！」というふうにトレーニングするのである。

このトレーニングには、ノート半分折りが有効である。右と左を対照にするわけだ。英単語を例に挙げたが、それ以外でも、左にQを書いて右にAを書くというようにすれば、オリジナルの一問一答ノートができる。

こうやってノートをトレーニングシート化するというのが、勉強ができる人のコツである。テキストを写してきれいなノートをつくるのは効率が悪い。作業の時間はできるだけ短くし、実質的勉強にエネルギーをさくようにする。そのためには、間違いだけをピックアップするのがいい。

なんとなく事柄が羅列してあるノートだと、どこを隠していいかわからないから、トレ

ノートを半分に折って
トレーニングシート化する

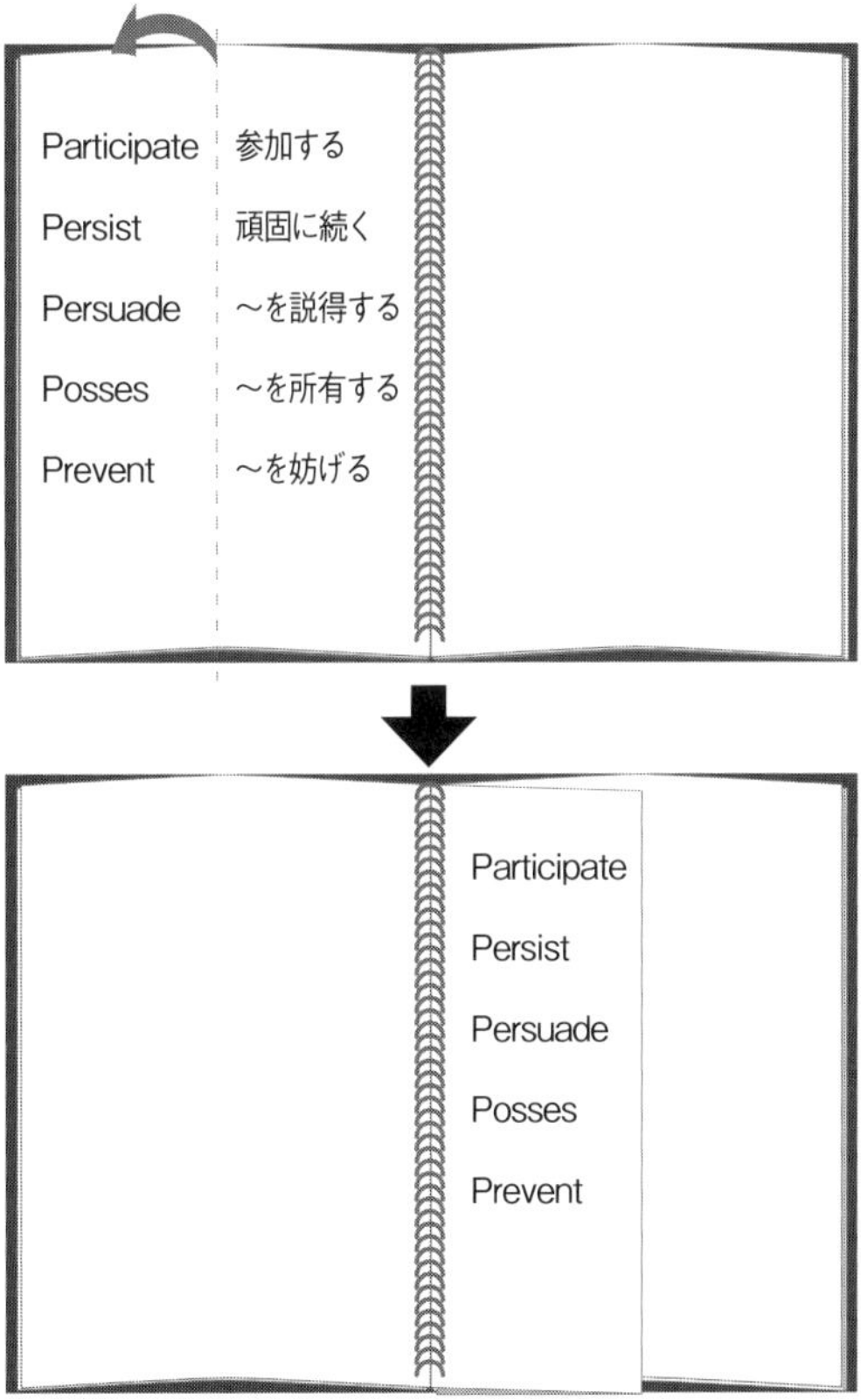

★ノートを半分に折る

ーニングをすることができない。知っていることと知らないことが入り混じっていると、勉強の効率は悪くなってしまう。

自分にとって相性の悪い問題をまとめて書く。これがトレーニングシートづくりのポイントだ。

間違うほどにうれしくなるノート

間違えた問題をノートに書いて、「パターン＆ポイント集」をつくるというのも勉強のコツだ。

たとえば、数学の問題を解いて、答え合わせをしたら、間違えた問題のところには解答を赤で書く。さらに、自分が詰まってしまった部分に矢印をひっぱって、詰まった理由を書くようにする。何がポイントだったのか、きちんと日本語で書くのが大切である。「こういうふうに考えちゃったから、ここで詰まった。こうすればよかった！」というふうに書いておく。やってみると簡単だが、ここまでやっている人は少ないかもしれない。

問題は解くこと自体よりも、解いたあとが重要である。

解いたあとのレベルには4つある。

最悪なのは、解きっぱなし。答え合わせをしないというレベルだ。

その次によくないのが、解答を読んで「ああ、そういうことか」とわかった気になるレベル。その上のレベルになると、自分の答えと解答を照らし合わせて、足りないところをノートに書き込む。上級レベルは、何が間違いの原因だったのかをノートに日本語で書き、矢印でそのポイントを示す。

間違いの原因をノートに書き込むようにすると、「このパターンの問題は、ここを押さえれば絶対に解ける！」というのがわかってくる。パターンに対する戦略が整理され、「パターン&ポイント集」ができる。わざわざパターン&ポイントを抜き出してもう一度ノートにするのは大変だが、赤や緑で書き込みがしてあれば、パラパラとめくるだけでパターン&ポイントが目に飛び込んでくる。試験の前にはそのノートを何回もめくって見れば、自分が間違えがちなパターーンをしっかり記憶できる。

問題や解答については、コピーして貼り付けるようにすれば、労力が減る。そのへんは、場合によって使い分けるのがいいだろう。重要なのは作業に時間をとられないことだ。

数学の問題を解くときは特に、適当な紙の上で問題を解き、解き終わったら捨ててしまうことが多い。ノートにしても同じで、解き終わったものは見ないことが多い。しかし、こういった書き込みをしたものであれば、自分が間違えやすい部分がしっかりわかるし、捨てられなくなるはずだ。

解けるか解けないかで終わってしまうのは、非常にもったいないことなのである。間違えたときがノートの使いどき。ぜひ胸に刻んでほしい。

こういうノートをつくっていると、間違えれば間違えるほどうれしくなる。パターン&ポイントのリストが増えることになるから、自分の成長に直結する。

伝言ゲームで頭の中をノート化する

ビジネスパーソンにとっても、もちろん間違いノートは役に立つ。自分がミスしがちなパターンがわかれば、改善することができる。「このパターンは、こうすれば大丈夫だ！」というパターン&ポイント集をつくれば、上達が速くなる。

ミスのパターンは、案外シンプルなところに隠れているかもしれない。たとえば、伝言

間違いノートには間違えた原因とポイントを書きこむ

○月△日　問題集Aより

Answer　350円

×50円

売上原価は
売上高に
対する仕入れ!

○150円×7個−100円×7個＝350円

公式

売上原価
＝純仕入高＋期首商品棚卸高
−期末商品棚卸高

がうまくいっていないというパターンである。

大学の授業で学生たちに伝言ゲームをやらせる実験をしてみた。

仕事の中でうまくいかないことがあるとき、伝言がうまくいっていないケースが多いような気がする。ビジネスパーソンにとって、「伝言ゲーム」は仕事の大事な要素だからだ。

「あれをやっておいて」と言ったのに、やっていない。「なんでやっていないんだ！」と上司が腹を立てる原因の一つに、そもそも伝言がうまくいっていないことがある。

授業で行った伝言ゲームは、10人ずつの3つのチームに分け、先頭の人が、私が読み上げた短い文章を次の人に伝言し、さらにその次の人へ……と10人に伝えていくようにした。

私が読み上げたのは、次のような文章だった。


「2009年の教育に対する公費の支出の割合に関するOECDの調査によると、日本は28カ国中27位。日本の3・3％という数字は、平均の4・7％に比べて極めて低い数字となった。民主党は、子ども手当や高校の授業料無償化といった政策を公約として掲げているが、政権与党としては、この低い数字を改善するために、より効果的な政策が求められることとなる。

急務であるのは、副教材を含む教科書の予算を増やすことである。とりわけ、小学校の国語教科書は、予算の少なさから量的に足りないため、予算3倍増による充実が望まれる」

これが、10人を伝うとどのような文章に変わっていただろうか。私は驚いた。変わるどころか、あとかたもなく消えていたのである。

伝言ゲームだからノートをとったりはしない。今回のような文章も、話を聞いた人がノートをとり、その次の人もノートをとり……というふうにつなげていけば、きちんと伝わっただろう。しかし、メモがない状態で、ただ聞くだけではこんなにも不安定なものなのかと改めて感じた。


ビジネスの現場では紙とノートがなくて、メモできない場面もあることだろう。今までノートをとる練習をずっとやってきたのだから、ノートをとる行為をワザとして内在化することにも挑戦してほしい。つまり、頭の中でノートをとるのである。

さきほどの伝言ゲームで「2009年の教育に対する公費の支出の割合に関する

ＯＥＣＤの調査によると、日本は28カ国中27位」と言ったが、要するに「日本の教育に対する公費の割合が異常に少ない」ということである。「28カ国中27位」は覚えていなくてもいいが、「ビリから二番目」とか「少ない」というのが伝わっていればまだよかった。たとえば、最初に聞いた人が「ビリ２」と次の人に伝えれば、ビリ２、ビリ２、ビリ２……と、おそらく最後の人までそれだけは伝わったのではないかと思う。

「日本の教育に対する公費の割合は、ビリから2番目というくらいに少ない。平均と比べてもすごく低い。民主党はいろいろやっているけれども、教科書の予算を増やすのが大事だ」

このくらい伝われば、おおよその趣旨はとらえている。

これはノートをとるのと同じだ。

最初から文章を全部覚えようとするとパンクしてしまって、途中であきらめることになる。「２００９年の教育に対する公費の支出の割合に関するＯＥＣＤの調査によると……」と丸ごと記憶しようとしたって、無理である。文章全部を再生しようと思って聞くのではなくて、ポイントを押さえて聞こうとすればいい。

頭をノート化するときも
ポイントは3つにまとめる

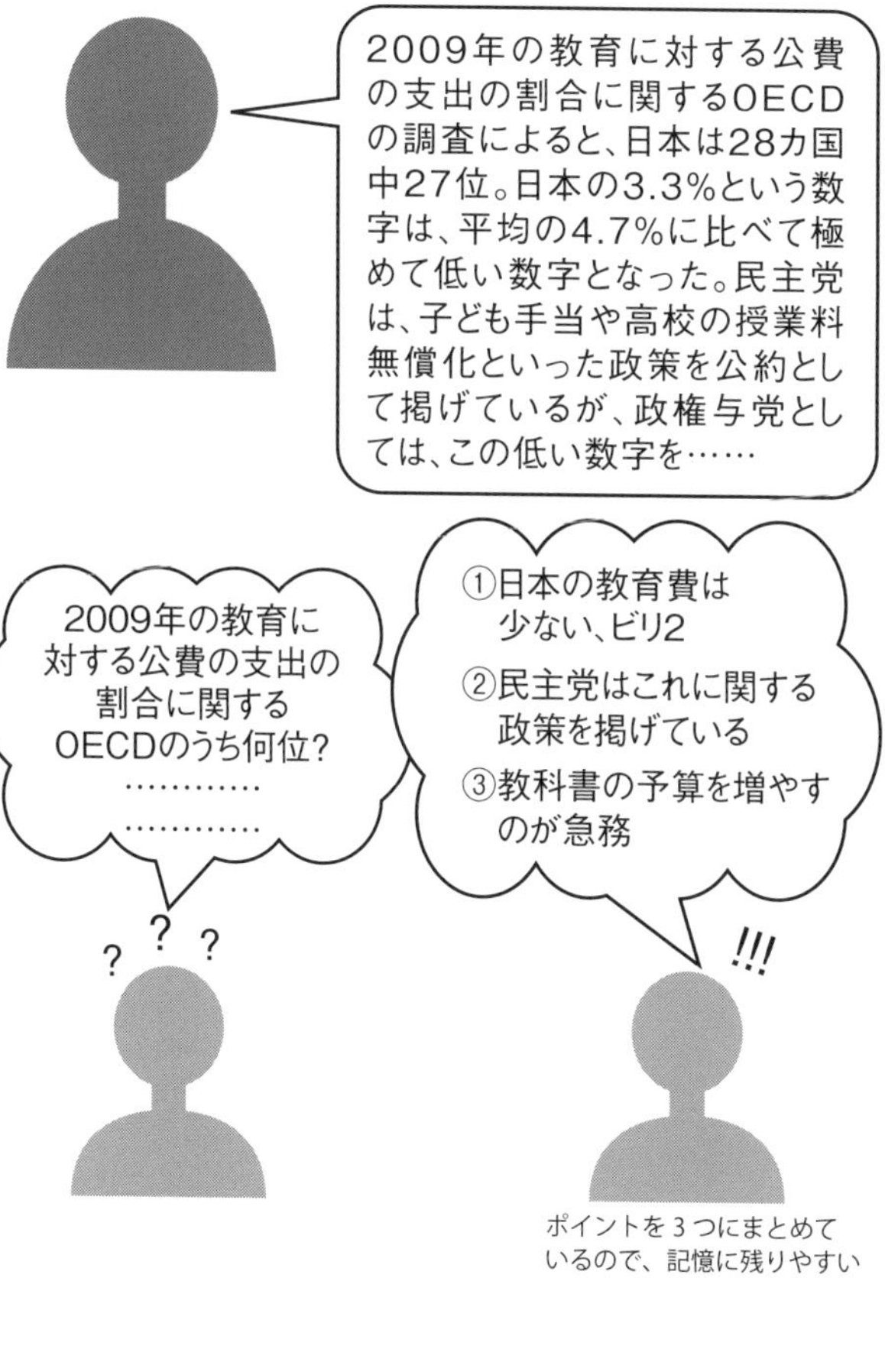
2009年の教育に対する公費の支出の割合に関するOECDの調査によると、日本は28カ国中27位。日本の3.3%という数字は、平均の4.7%に比べて極めて低い数字となった。民主党は、子ども手当や高校の授業料無償化といった政策を公約として掲げているが、政権与党としては、この低い数字を……
2009年の教育に対する公費の支出の割合に関するOECDのうち何位?
…………
…………
①日本の教育費は少ない、ビリ2
②民主党はこれに関する政策を掲げている
③教科書の予算を増やすのが急務
???
!!!

ポイントを３つにまとめているので、記憶に残りやすい

要点を頭の中にノートする。つまり、頭をノート化して、書きこんでいく。

水がサラサラと流れていくのを眺めているのではなく、話を聞いている時点で、いるものといらないものを分けて箱詰めする、というようなイメージだ。

頭をノート化する意識で話を聞くようにすれば、伝言もスムーズにいく。

第三章ですでに述べたように、「ノートにはポイント3つ」で訓練してみてほしい。頭をノート化することができるようになるだろう。

第六章

心が軽くなるノートのとり方

人間関係をよくしたいなら図をつくる

仕事に対するモチベーションには、人間関係が大きく影響してくる。モチベーションを上げていくには、人間関係も含めた、自分のポジションを確認することが大切である。新入社員であれば、入社して1カ月後、3カ月後、6カ月後では立ち位置がかなり変わる。ノートに、職場の座席図を書いて、そこに人間関係も加えるか、自分を真ん中にした人間関係図を書いてみると、いろいろ見えてくる。

Aさんとの関係はとてもいいので◯、Bさんとは微妙なので△、Cさんとはあまりいい関係を築けていないので×。

曖昧に人物像をとらえるのではなくて、図にしてみると自分の持っている課題がクリアになる。

「Cさんとの×の関係をずっと続けるのは疲れるから、Cさんに軽い相談を持ちかけてみよう」というように考えられる。仕事上のごく軽い相談を持ちかけて、「これ、どっちが

職場の人間関係を図にすると、コミュニケーションしやすくなる

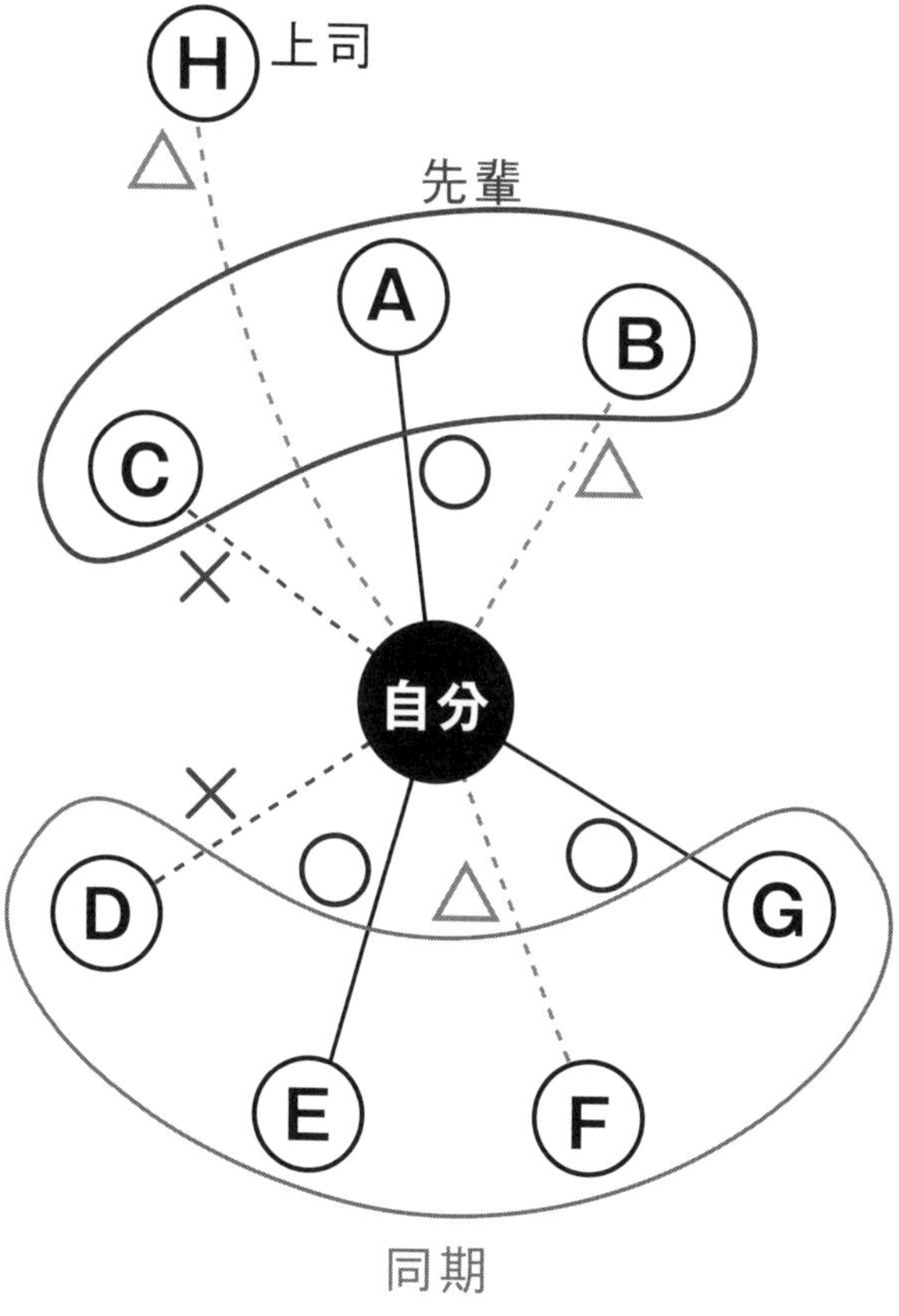

いいですかね」なんて言ってみる。すると、Cさんは、「今まで交流がなかったけど、相談してくるということは、歩み寄りかな」と感じて、関係が改善されていく。

「Dさんとの関係は×だが、これは完全無視でもいいかな。でも、無視し続けるストレスというのもあるな」

「向こうも無視してくるから、こっちも無視してやる。それで、お互いさんざん疲れるなんていうこともあるものだ」

「じゃあ、どういう方法があるだろうか」

図にすることで、冷静に考えることができる。課題がクリアになれば、必要以上にモチベーションを下げることがない。

ノートをとれば、雑用も楽しくなる！

多くの人は面倒くさくてつまらないから、「雑用」が好きでない。私自身もかつては雑用が大嫌いだった。

たとえば、仕事をしていると、上司が「○○さんの電話番号を調べておいて」とか「会議室の予約をしておいて」とか、どうでもいいようなことを言ってくる。「ていうか、自分でやれよ」と思ってしまうが、この面倒も実はノートで解決できるのだ。

面倒くさいからイヤだ、自分でやってくれというのは、もちろん感情としては納得できる。しかし、自分が上司になったときのことを考えると、「なおさら、やりたくない。人に押しつけたい」と思うだろう。そこで、「自分でやれよリスト」をノートに書いてみる。ノートに書いてみると、「給料や責任の度合いなどを考えても、私のところに雑用が回ってくるのは、まあ当然か」という気になってくるものだ。

実は私もやらなければならない雑用がたくさんある。大学では、不始末をしでかした学生に反省文を書かせてチェックをするとか、その学生に電話をして注意をするとか、そんなことをやらなければならない。ハッキリ言って、大学教授のやるべきこととも思えず、面倒くさい。

大学生の面倒をそこまで見なくてはならないのか、と思ってしまうが、「私はやりたくない」なんて言って大学ともめると、そっちのほうが面倒くさいことになりそうである。仕事だから、割り切るしかない。

雑用を苦にせずこなすコツは、リストをつくることだ。「誰々に電話。03×－×××－××××」などと箇条書きしておく。

私は雑用リストにはチェックボックスをつけて、1つ終わるごとに赤でチェックを入れる。そのときはとても気分がいい。「ああ、終わった」とホッとする。チェックボックスがあると、つぶしたくなる心理も働く。

私の場合は、月曜日を雑用デーに決めている。私はもともと、先延ばしにしたいタイプのようで、仕事がドッサリたまってしまう。それを月曜日に一気に片づける。

月曜日は、イヤイヤであっても世の中の人がみんな働きだす日だから、「流れるプール方式」で、その加速を利用させてもらっている。雑用を月曜日・火曜日に固めてしまえば、水曜日以降を晴れ晴れとした気分で過ごすことができる。

木曜日、金曜日はとてもじゃないが雑用をやる気にならない。1週間の疲れがたまっている頃に雑用ができる人は相当精神力があると思う。

雑用は「見える化」しておく

今日やらなければいけないこと

○月△日

- [x] 佐々木さんにTel
03-××××-××××
- [ ] 会議用資料を50部コピー
- [x] 伊藤さんにメール
- [ ] 稟議書提出
- [ ] 交通費精算
- [x] 会議室確保

「なんで私が」から自分を解放する

雑用というのは、どんな仕事にもついて回る。私も、授業に必要なレジュメを切り貼りしてコピーして、200部両面印刷して、ということをやっている。必要ではあるが、印刷作業自体はクリエイティブなわけではない。

クリエイティブな仕事をしようとしているときに、雑用が混ざるとイライラする。しかし、「今は雑用をする時間なんだ」と決めてしまえば、ストレスなく、こなすことができる。むしろ「もっと雑用なかったっけ」と、燃えないゴミの日に「もっと燃えないゴミなかったっけ」と家の中を掘り起こすように、やるべき雑用を探すようになる。そうすると、提出すべき書類が見つかったりする。

リストをつぶしていくようにすると、雑用をこなすスピードが上がっていく。「面白くないから、速くやってやろう」と、ストップウォッチを傍らに置きながらゲーム感覚でやるのもいいだろう。

私は事務手続き系のものが、とても苦手だと思っていた。どのくらい苦手かと言うと、大学進学の手続きを忘れていて、あやうく進学し損ねるくらいである（事務所に行ったら締め切られてしまっていたので、当日消印有効の書類を慌てて郵便局へ持って行った）。

友人にも、私と同じように事務処理や手続きが苦手な人がいた。ところがある日、彼が「自分は実は事務が得意だということがわかった」と言う。

「マシーンと化せばいいんだ。そうすれば、事務もすごい速さでできる」

「えっ、そうなの？」

この友人の話を聞いて、私も本当は事務が苦手なわけではないことがわかったのだ。問題は、自分をマシーンモードに入れていなかったことにあった。つまり、「なぜ、私がこんな仕事をやらなければならないのか」という意識が問題なのだ。

「なんで私が……」から自分を解放し、雑用に向かわせるという新しい発想を持てばいい。

「雑用からの解放」ではなく、「雑用への解放」である。

ストレスの原因をリスト化する

前述したように、私の場合、ひどくストレスがたまると「みんな死んじゃえ」とつぶやくことがある。自分が死にたいとなかなか思わないのは思いつめる性格ではない証拠なのだろうが、「みんな死んじゃえ」とつぶやいているときはどんな状態なのか、リストをつくってみた。

そのリストをつくってわかったことは、「自分が本来やるべきではない」細かい仕事がたまっているときに、ストレスを感じ、だんだん世の中を嫌いになるということだった。

そこで、「自分が本来やるべきではない仕事」とは何なのか考えてみると、この認識自体が間違っているのではないか、と思い当たった。つまり、世の中の人全員が、「自分が本来やるべきではない仕事」をやっているのではないか、ということだ。全員が、「本来は自分の仕事ではないが」と思いながら、やっているのだ。

そうであるなら、四の五の言わずに早く片づけてしまうことが一番だ。そういったものは時間が経つと、腐っていく。ニオイがひどくなって、どんどんイヤになってしまう。

放っておいて数カ月経ってしまい、自分はもう忘れたつもりでいても、それをきちんと待っている人がいたりする。それで、「あれはどうした」「まだか」と言われてしまう。これはもう、完全に腐っている。「あれはまだか」と言う人のことを嫌いになってしまう。

私はこの発見以来、前に進んでいない時間も有効に使うことができるようになった。それまでは、常に前に進んでいたいと思っていたから、前に進めないストレスが大きく、それに疲れてしまっていたのである。一歩も前に進めない「雑用」は、時間帯を決めてやってしまえばいい。誰もが「自分が本来やるべきではない仕事」を抱えているのだから。

曜日を決めて固めるだけでなく、一日のうちに「雑用スッキリタイム」を決めて、そこに雑用を固めるようにするとラクになる。

自分をマシーンにするコツは、リストをつくることである。リストにあるものを遂行するだけなんだ、と思えばラクだ。時間を決めて、ストップウォッチで計りながらやると、もっといい。

心配事はノートに書く

心を整理することは、仕事の生産性を上げるうえで、最も大切なことである。ほとんどの人は、感情や気持ちで生きすぎてしまっている。

心配事があるのなら、心配事リストをつくるといい。なぜ今自分は不安なのか、何が心を乱しているのか、書き出してみるのである。

そもそも、不安とは対象の正体がハッキリしないことから生まれる感情だ。正体がわからないから、押しつぶされそうになる。だったら正体を暴いてしまえばいい。モヤモヤしているものに輪郭がつき、見えてしまえば実は大したことがない。正体がクリアになった時点で、問題は半分解決されたも同然だ。

心配事をリストアップしていくと、悪臭のモトがわかってくる。「これがモトとなって、ほかにも影響してしまっていたんだ！」とわかる。考えても仕方のないことなら、それをパック詰めにしてしまう。悪臭パック方式だ。リストの上にペケ印でも書いて、「ハイ、捨てました」みたいな気分をつくるといい。

あまり悩みの中にたゆたっていると、人に迷惑をかけてしまうことがある。不満や愚痴は、長く聞かされると聞いているほうも疲れてしまう。たまにならいいが、それが常習化していたら要注意だ。それに、友だちに悩みを話していても、ほとんど解決にはならない。

たとえば、会社に行きたくない原因をリストアップしてみる。自分はこれがイヤなのだ、とわかる。そのうえで、どのような選択肢があるのか、書いてみる。選択肢Aが会社を辞める、選択肢Bがイヤなところを改善する、というように図化して整理する。

ノートのよさは、パッと見たときに全体が見えることだ。文字にすることなく、友だちに話していると、少し前に話したことはもう消えてしまっている。全体を俯瞰することができない。

友だちと話すときには、2人の間にノートを置くといい。ノートの上で、状況を図化したり悩みの原因をリストアップしたりしながら話すのである。書かれたものを見ると、「こういうのもあるんじゃない？」とアイデアを出しやすい。

リストアップすることは、振り返りにとても役立つ。成長には反省がかかせないが、反省というのはリフレクションである。振り返って、それを書き出すことで、前に進むことができる。

ガールズトークこそノートにしよう

喫茶店で友だちと話しながらノートを開いている人は少ない。私は20年以上、友だちとの間にノートを置いて話すということをやってきたので、「みんななぜノートに書かないのだろうか」と不思議に思ってしまう。

女性同士がおしゃべりに花を咲かせているのを見かけるが、真ん中にノートを置いてみてはどうだろう。

たとえば、「結婚についてぐずぐずしている彼氏と、いっそ別れてしまおうかと思う」という話を女友だちとするときも、2人の間にノートを置いてみる。そして、選択肢や可能性を図にしてみる。

「A：別れる、B：しばらく様子をみてから判断する、C：現状のまま」というように、分かれ道ができる。この図を見ながら、相談する。

心配事をノートに書くと心がスッキリする

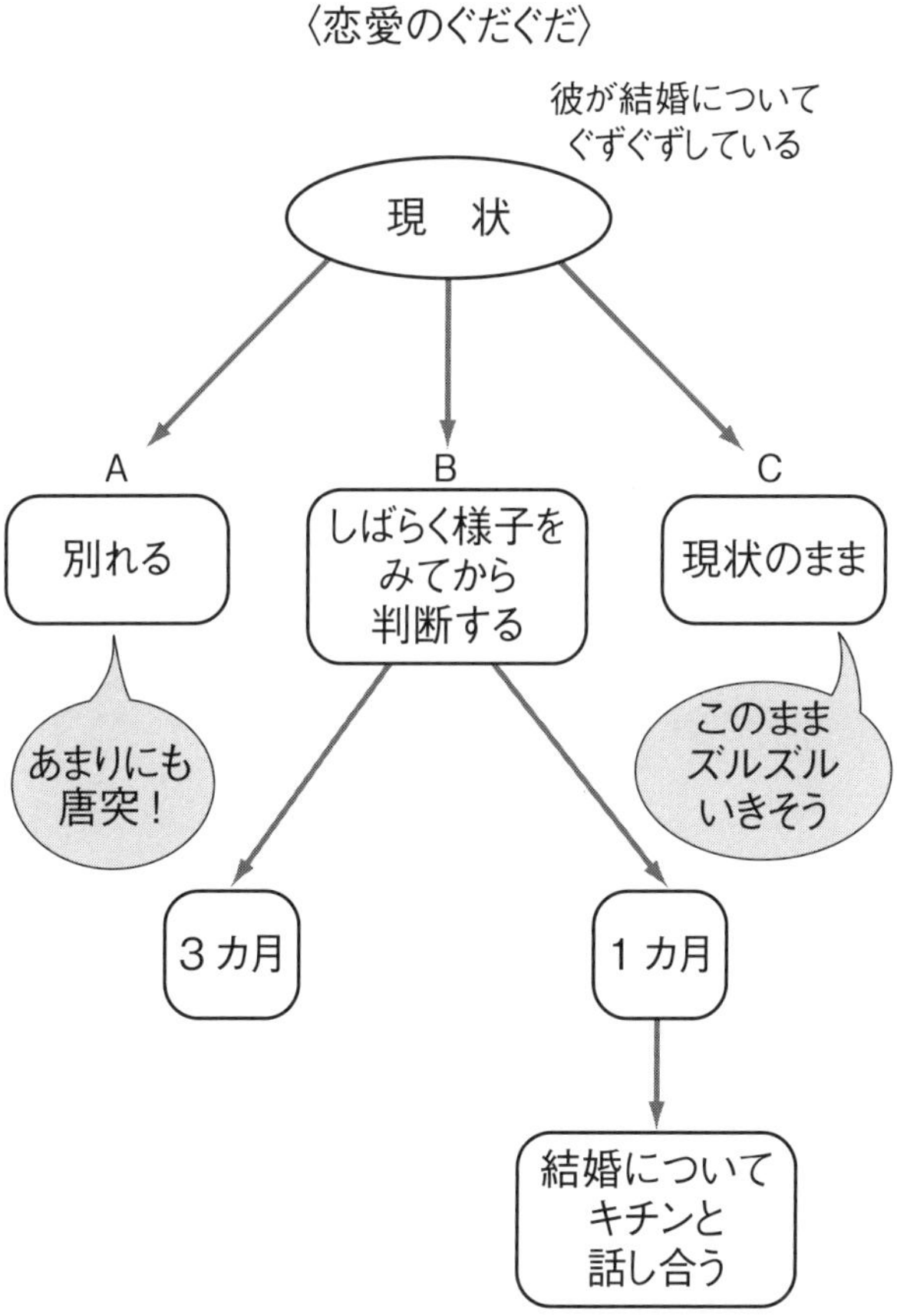

「しばらく様子をみてから判断しようと思う」

「しばらくって3カ月？」

「1カ月にする」

「じゃあ、1カ月後にまた判断するっていうことで」

こうやって図を書いてみると、笑える。いや、笑えないまでも、あまり深刻にならずにすむ。整理することが大切である。


コツは、あまり真面目に整理しすぎないでいろいろなツッコミコメントを書き入れてしまうことだ。リラックスするほど、アイデアも湧きやすい。


幸・不幸というのは、環境ではなくて考え方次第で変わるものなのだ。

たとえば、自分の子どもが障害を持って生まれてきたら、それは非常に重い現実としてのしかかる。周囲から見ると「不幸だ」と思うかもしれない。しかし、家族が一生懸命助け合い、幸福を感じるということもできる。

今の日本は、世界史上最も恵まれていると言ってもいい。しかし、日本人全員がそれほど幸福感を感じているかというと、そうでもない。不満を持って生活している。この状況を見ても、幸福とは環境ではなく考え方だというのがわかる。

モヤモヤした心を整理する

ノートは仕事だけでなく、心の整理に使える。日記式に感情をぶつけるのもいいが、リストアップして、論理的整理も加えながら、悩みをノートにはき出していくのがいい。「まずは解剖してみよう」という、外科医のような気分で、心を整理してみる。

心の整理ノートも、わざわざ普段使っているものとは別につくる必要はない。愛用のノートに書けばいい。友だちと話をした日付、場所、友だちの名前を一番上に書き、その下にリストを書いていく。そうすれば、「この問題については、この日にこうやって整理できていたんだな」とわかる。

自分でも自分の気持ちを忘れるのは、よくあることである。ノートに整理した頃と今とで環境が変わったり、心に変化があるなら、また再整理をする。

これは自分一人でもできるのだが、人と一緒にやるのがいい。経験のある人や、頭のいい人と一緒にこのノートづくりをすると、とても充実する。

「彼氏とまだ別れずに様子をみる、という選択肢の中にも、彼氏キープのまま新しい出会いのための活動をするっていうのがあるよ。二股ってことになるけど」などと教えてくれる。

「二股はイヤ」「あ、そう。じゃあこの選択肢はナシ。彼が結婚についてきちんと考えてくれていないのがイヤなのだったら、問い詰めてみたら?」(二股の選択肢を消し、新たに『結婚する気があるか聞く』という選択肢を加える)「うん、そうする。直接聞いてみることにするわ」「じゃあ、そういうことで」

相談相手と一緒に、ノートをつくりながら遊ぶような感じである。

こうやって整理をしていくと、自分自身の本当の欲求に優先順位をつけることができる。結婚と今の彼氏とつきあい続けることの間に不等号を書いてみたら、「私は結婚したいという欲求のほうが大きいんだ」と気づく。

ズルズルとただ悩んでいると、優先順位を間違えてしまい、自分で自分を窮地に陥れる、ということが起こる。しかし、ノートがあれば大丈夫である。

相談相手と一緒に心を整理していくのは、女性がとてもうまい。ただ、残念ながらノートをとっていない。女同士のおしゃべりが単純に楽しいということなのだろう。女同士のおしゃべりがあまりに楽しくて、「結局、男は要らないわ」みたいな結論になったりするというのが、ドラマの『SEX and the CITY』を見るとよくわかる気がする。

ガールズトークをノートに書くなんて、野暮に思えるかもしれない。しかし、ノートを書くことで、現実変革の力が出てくることは間違いない。

南の島に行ったように心が軽くなる

心をずっと自分の中に抱えていると疲れてくる。計ることはできないが、心には重さがあるようだ。

禅の世界には「心を止滅させる」という言葉がある。坐禅して、心を「今」だけに集中する訓練をする。人間はどうしても、日々のこまごましたことや心配ごとに心を動かしてしまうが、ただひたすらに「今この瞬間」を生きることを目指すのである。未来も思い煩わない。過去のことも考えない。

南洋の島に1週間くらい行ったとき、私は心の重さについて気がついた。砂浜でぼんやりと太陽の光を浴びていると、日本における過去や未来に全然リアリティが感じられず、「自分は今ここにある」という感覚のみがある。心がとても軽やかに感じられた。

これまで考えても仕方ないような取り越し苦労で、いかにエネルギーを消耗していたのかがわかった。

旅に行くとリフレッシュできるというのは、心の絡まりから解放されるからだろう。日頃の考え、思い煩いから解放されて、心に羽がはえたように軽くなる。しかし、帰ってきて、元の生活に戻ると、再びだんだん重くなってくる。

これを、旅に行かなくてもできるのがノートだ。南洋の楽園に代わるものとして、ノートがある。

ノートに課題を書き出せば、心の中に抱えている必要がなくなる。自分が持っている必要はないんだ、と感じられる。書いて忘れるわけではないが、いったん心の外に移動させることで、かなり楽になる。手持ちのエネルギーをムダに消耗させなくてすむ。

青春の鬱屈《うっくつ》した想い、やり場のない気持ち、それ自体は確かに大切である。エネルギーの源となるときがある。しかし、「悩み」は必ずしもいいものではない。自分をすり減らしながら悩んで、同じところをぐるぐる回り、結局何も動いていないという人も多い。

心の中にあるドロドロしたものは、紙の上にはき出してしまうと、身軽でいられる。心を写す先は、ルーズリーフのような紙でもいいが、できればノートがいい。とりわけ初めのうちは物体としてしっかりしているほうが心が定まる。

ノートをカバンに入れると、少し重い。その代わり、その何倍も心は軽くなる。

第七章

アイデアがどんどん出てくるノートのとり方

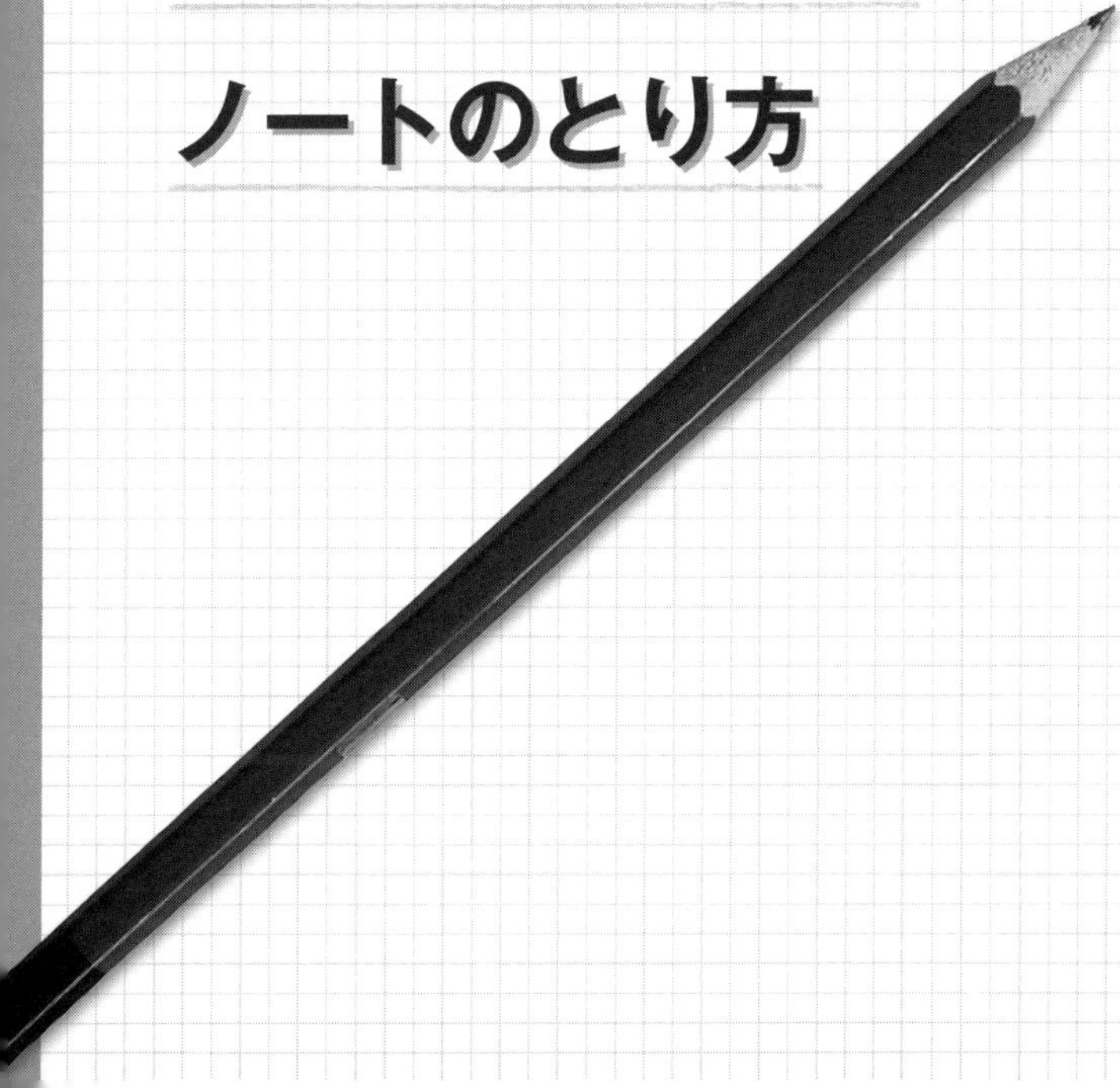

タイトルをつければ、アイデアを書きこみたくなる

企画・構想は、それ自体が仕事でない人にとっても必要なことだ。アイデアを練る、企画を考えるというときには、なんとなく頭の中で考えるのではなく、紙に書き出すのがいい。脳みそを紙の上に出す、という感覚である。

私は会議中で暇なときはノートを開いたり、白い紙を前に置く。明らかに会議と関係のないことをしているように見えると空気を壊すが、会議と関係のない企画をノートに書いているくらいだったら問題ない。実際、私のいる大学の教授会には100人以上も出席するから、会議の中で自分に関係のない話題で進んで、暇なときがある。

テレビを見ているときや、時間が空いたので喫茶店に行こうというときも、ノートを開く。スペースを目の前にすると、企画を考える頭にセッティングされる。無理なく意欲がわきたつ。

企画のためのスペースが用意されていると、アイデアを考えることが習慣化する。
企画が習慣化している人というのは、いつもそのテーマについて考えている。そうすると、身の回りのあらゆるものがヒントになるから、メモをするスペースが欲しくなる。ノートはヒントをメモするのにちょうどいい。

やり方としては、ノートの一番上にまずタイトルを書く。

「長く座っても疲れないイスとは？」のように疑問形にしてもいいし、「ノート術本のタイトル」のように考えるべきテーマを書いてもいい。命題のように「AはBである」としてもいい。とにかく、タイトルをつけておく。そして、そのページに関しては、そのタイトルに関するアイデアのみを書くようにする。

企画が仕事の人であれば、企画ノートを1冊つくってもいいと思うが、普通は、いつも使っているノートの中に企画のページをつくればいいだろう。ページの上にタイトルさえつけておけば、ヒントを見つけたとき、何か思いついたとき、すぐに書き込むことができる。

手帳の白いページを企画ページにするのもいいかもしれない。手帳なら1年間常に持ち歩くわけだから、メモしようと思ったら「その企画は前のノートだった」という事態も免れる。

ただし、あまりにスペースが小さいと発想がしにくい。左ページがスケジュールで、右ページがノートになっているタイプの手帳なら、いい。

マイテーマを常時20持つ

ノートは区切るのがコツである。改行や改ページをうまく使い、余白がたくさんあっても気にしない。私のノートは、タイトルだけ書いてあって、その下が真っ白というページもたくさんある。それはそれでよしとして、スペースをつくることが大切なのである。スペースがつくられていれば、何かヒントを見つけたときに、「ああ、あのページに書いておこう」ということになる。だから、だいぶ前のページに戻って書くこともよくある。

20のタイトルをつけておき、それぞれに関連するアイデアやヒントを書くようにすると、20の企画が同時に進行していることになる。もちろん、すべての企画がうまくいくとは限らない。しかし、マイテーマが20あれば、生活をしているだけであちこちからヒントが降ってくるから、あらゆるものが、マイテーマにハマっていく。

たとえば、デザインにこれまであまり興味がなかったとしよう。しかし、20のテーマのうち1つにデザインが関わるとすると、いつも行っている本屋でもデザイン本が目に入る。六本木ヒルズのTSUTAYAに行ったときは、「こんなにたくさんのデザイン本が置いてあるのか」と驚いたことがある。その中から気になる本を選び、テーマに関連しそうな部分だけでも読んでみる。すると、自分の企画を援護射撃してくれるようなものが見つかる。

マイテーマが20あると、結構いろいろなものがひっかかる感じがする。テレビを見ていても、人の話を聞いていても、買い物をしていても、「あ、これはあのテーマにつながる」と思う。

構想というのは、テーマに関するヒントがいくつもあって、最終的にそれを整理して練り上げるものだ。自分の企画を補強するものは多くあったほうがいい。この人もこう言っている、このヒット商品も同じ発想から生まれているといった情報を見つけると、説得力が増す。

やはり、自分の企画を援護射撃してくれるものとして、一番いいのは本だろう。本には、著者が長年にわたり思考してきたプロセスや経験が詰め込まれている。私自身、本の企画にしても講義のテーマにしても、アイデアを練り上げるのに本が役に立っている。

本への投資はケチってはいけない。1000円とか2000円、専門書なら高価なものもあるけれど、それを節約しようとすると、結局はジリ貧になってしまう。本は情報や知識を得るだけでなく、クリエイティブな地アタマをつくるのに一役買ってくれるのだ。これこそ「投資」であろう。生活費を回して、余ったお金でパチンコをするというのは投資と言わない。より大きな利益を生み出すことができる頭をつくることが大切だ。

本からヒントを得るのを習慣にすると、利益を生み出す頭になり、自然と年収は上がっていく。

タイトルをつけると、
書きこみしたくなってくる!

〈ランチタイムの集客について〉

2016.12.22

コンセプト

・ランチタイムを有効に活用したい
・ビジネスパーソンに新しいランチを提案
・ランチタイムを過ぎた頃に女性にゆっくり味わってもらう

対象

・ビジネスパーソン 20〜30代
・主婦

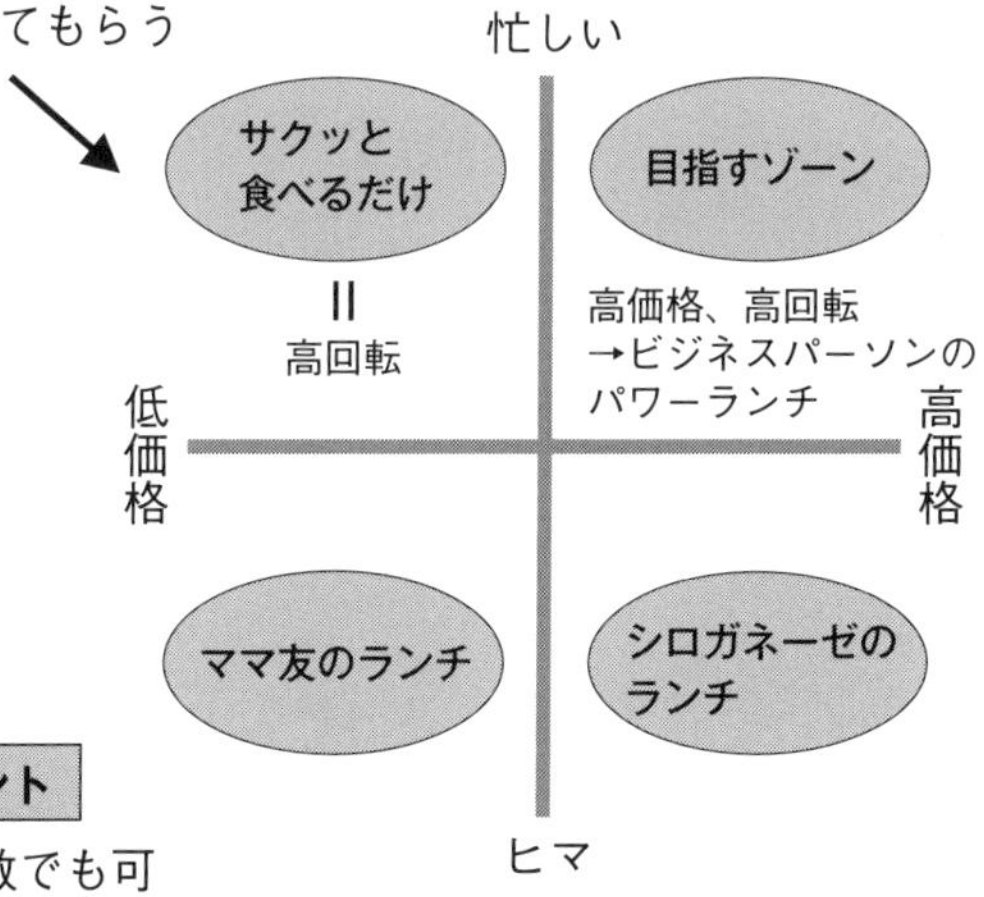

ポイント

・大人数でも可
・長時間も可
・デザートも充実

仕事がつまらない人こそ、企画・構想ノートをつくれ！

仕事がつまらない人こそ、企画・構想をノートに書いたほうがいい。ふだんやっている仕事にルーティンワークや繰り返しが多かったり、工夫に限界がある場合はよくある。そもそも、仕事がない場合もある。

私は仕事がない時期が長くあったが、その頃の企画・構想ノートは「自由の王国」だった。仕事がないから、力の出しどころがない。だから、ノートにたくさん企画・構想を書いた。「こんな本を書いてやる！」と、本の章立てもたくさん書いた。

この本も書ける、あの本も書ける。もう、ノートに書きまくるしかない。一種の精神安定剤だ。

本の構想だけでなく、ムーブメントについても企画をした。フランスで「新しい波」を意味する「ヌーヴェルバーグ」が、1950年代末から映画運動を指す言葉として使われていたのにあやかり、「教育ヌーヴェルバーグの会」をつくろうと、友人3人で神保町の喫茶店に集まったこともある。

ジャン＝リュック・ゴダールの本などいろいろ買い込んできて研究をし、会の目的や活動について、話し合いながらノートにした。この会は実際には活動しなかったが、構想をノートに書くこと自体がとても楽しかった。


人生にはさまざまな楽しみ方がある。実現するから楽しいわけではなく、構想しているときが一番楽しい、ということもある。むしろ、実際にやってみると地味で大変だったりする。私も、本の執筆が現実になったときには「こんなに大変なのか、地味すぎるよ、これ」と思ってしまった。

気晴らしのためにも、企画・構想をノートに書くのはとてもいい。友人と構想を語り合って楽しむときも、その場のノリだけで終わってしまうのはもったいない。やはりノートに書くと、自分がやりたいこと・やるべきことが見えてくるから、「こんなことをやってみたい」という妄想が日の目を見ることもある。

下積み時代に将来やりたいことを準備しておく

私と同じように、仕事がない頃に企画・構想を書きまくった人たちがいる。

作家の村松友視さんは、『時代屋の女房』という作品で直木賞をとってから、毎月のように作品を発表した。「月刊村松」といった感じである。何かのインタビューで、なぜそんなスピードで出せるのかと聞かれたときに、「売れない頃に書いた作品が段ボール何箱分にもなる。それをようやく出させてもらっているのだ」と答えていた。

映画監督の黒澤明さんは、助監督をやっていて自分の好きな映画を撮ることができないとき、シナリオを毎日書くことを自分に課したそうだ。

毎日書く。酔っ払っていようとも、とにかく書く。それがすべて映画化されるわけではないが、シナリオを書くことがトレーニングになっている。実際の映画づくりに役立つことがよい。

助監督だと、自分の撮りたいものが撮れない。自分のクリエイティブ感がせきとめられているような、鬱屈した気持ちになってしまう。そのやるせなさ、力が出せない不満や情熱を、「未来に通じるもの」にぶつけたいのである。書くことは、いいはけ口になるのだ。

職場で、新人の頃は、もっとクリエイティブに仕事をしたいと感じることがあるだろう。「自分が課長の立場だったら、こうするのに」。自分で構想を練ったり意思決定したりできれば、さぞ気分よく仕事ができるだろうと思うかもしれない。

それなら、今はその立場になくても、企画・構想をノートに書きためればいい。それがはけ口となり、実際にその立場になったときに役立つものとなる。

楽しみながらアイデアをリストアップする

いいアイデアを生み出すには、まず、数を出すことが必要である。

一つひとつにこだわりすぎて前に進めないのは損だ。入試や資格の試験で1つの問題にこだわっていると、全体ではいい点数がとれなくなってしまうことがある。1つの質を上げるのもいいが、まずは量が大切だ。量を出すことによって、視点を移動させることができる。柔軟に考えることもできる。

私は授業で、ある事柄について「具体的に15個リストアップしてください」というように指示をする。箇条書きでリストにしていくと、最初は1点にしか目がいっていなくても、どんどん出せるようになってくる。脳が活性化する。「リストアップ」に意識が向くと、数を出すことが楽しくなってくる。

人間は、数を数えだすと、次の数字を言いたくなるものである。「13」までいったら、「14」と言いたくなる。次は「15」だ。これを利用して、リストを増やしていく。

この「厳しいけれど楽しい」状態が脳にとってもいい。本当にいいアイデアはそう簡単に出るものではないかもしれないが、企画が楽しい脳になればアイデアは出しやすくなる。

「何かアイデアはありますか」と聞いたとき、とたんにうつむいてしまう人は少なくない。それは「アイデアを出すのはつらいもの」と感じているからだ。そういう人は、くだらないものでいいからまずは数を出すことを楽しんでみよう。

何かにつけて、リストアップするのはいい方法だ。

友だちとの会話でもノートを間に置く

テーマを認識することによって、日常生活の中からヒントがふってくるようになるが、まだ「アイデアのモト」のような状態だろうと思う。援護射撃してくれる情報は集まっても、まだ弱い部分もある。

「アイデア」と呼べるようなものになるまで練り上げるとき、自分一人で頭を抱えて考えるよりも、誰かに話すと、一気に進む。

「ここはどうなの？」「あれと何が違うの？」といった質問によって考えを深めることができ、「似たものを知っているよ」「こんなのはどう？」とヒントをもらうことができる。それぞれが持っている体験に基づく暗黙知を、刺激し合うことで言語化することができる。

もちろん、リストアップ作業を２人でやれば数を増やしやすい。

私は誰かと２人で話をするときには、真ん中にノートや紙を置く。Ｂ５のノートなら見開きでＢ４になる。この見開きを使って、２人でリストアップ作業をする。そうすると、ノート上で2人の脳みそが混ざり合ったような感じになる。後戻りすることなく、前へ進んでいけるようになる。ノートを置くだけで、全然違う。

企画を出すべき会議でも、2〜3人のグループに分けてノートを開きながらアイデアのリストアップをするといい。大勢で話すだけだと、論点が散漫になりやすいだけでなく、せっかくのアイデアも発言するタイミングがなかったり、すぐに忘れてしまったりして損失が大きい。

まずは少人数でリストアップをし、それから全体で話すようにするのである。それぞれが自分のノートに書いてもかまわないが、ノートを真ん中において、1人が書記になって書くと状況を共有しやすい。メンバーはそれを見ながら話し、場合によっては直接書き込みをする。

会議や打ち合わせでなくても、ガールズトークや友だち同士の会話の中で「それ面白いね」というアイデアがあったら、すかさずノートにしてみてほしい。ノートを書く習慣のない人のほうが多いから、この本をお読みのあなたが書いてあげたら、喜ばれるに違いない。

きれいに書く必要はない。キーワードを線でつなぎながら書くだけでいい。それが、アイデアのプロセスを表した立派な企画メモになる。

以上、ノートを軸として、思考の習慣について述べた。

つまりは、あれこれぐずぐず考えるより、紙の上にリストアップして、3つにまとめろ、ということだ。ムリにでも3つにまとめてみれば、的がしぼれるし、なにより気持ちが楽になる。

ぜひ、今日から試してみてほしい。

●著者略歴
齋藤　孝（さいとう・たかし）
1960年、静岡県生まれ。明治大学文学部教授。東京大学法学部卒業。同大学院教育学研究科博士課程等を経て、現職。専門は教育学、身体論、コミュニケーション論。『身体感覚を取り戻す』（NHK出版）で新潮学芸賞受賞。『声に出して読みたい日本語』（草思社）がシリーズ260万部のベストセラーになり日本語ブームをつくる。
『日本人のための世界の宗教入門』（ビジネス社）、『いつも余裕で結果を出す人の複線思考術』（講談社）、『語彙力こそが教養である』（角川新書）、『年を取るのが楽しくなる教養力』（朝日新書）、『すごい「会話力」』（講談社現代新書）、『新しい学力』（岩波新書）など著書多数。NHK Eテレ「にほんごであそぼ」総合指導、TBSテレビ「情報7daysニュースキャスター」等、TVコメンテーターとしても活躍中。

写真：外川　孝

頭のよさはノートで決まる

2017年1月20日　第1刷発行
2017年5月21日　第4刷発行

著　者　齋藤　孝
発行者　唐津　隆
発行所　株式会社ビジネス社
〒162-0805　東京都新宿区矢来町114番地
神楽坂高橋ビル5F
電話　03-5227-1602　FAX 03-5227-1603
URL　http://www.business-sha.co.jp/

〈カバーデザイン〉尾形　忍（スパローデザイン）
〈本文組版〉茂呂田剛（エムアンドケイ）
〈印刷・製本〉モリモト印刷株式会社
〈編集担当〉大森勇輝　〈営業担当〉山口健志

ISBN978-4-8284-1933-6